普通高等教育艺术与传播学科精品教材

编 委 会

顾　　问（以姓氏笔画为序）

　　　　左庄伟　阮荣春　吴为山　何晓佑　周京新　周积寅
　　　　凌继尧

主　　编　王　平

副 主 编（以姓氏笔画为序）

　　　　丁　山　王承昊　许建康　吴耀华　张广才　张秋平
　　　　张成来　贺万里　周燕弟　杨建生　郭承波　钱孟尧

编　　委（以姓氏笔画为序）

　　　　丁　山　王　平　王承昊　孙宝林　卢　锋　庄　曜
　　　　许建康　吴耀华　张广才　张　艺　张秋平　张成来
　　　　张　轶　张　凯　张　锡　张　明　陈启林　贺万里
　　　　周燕弟　杨建生　杨振和　郭承波　郑　曦　胡中节
　　　　钱孟尧　徐　雷　凌　青　崔天剑　殷　俊　盛　璠
　　　　傅　凯　程明震　温巍山　惠　剑　薛生辉

普通高等教育艺术与传播学科精品教材

形象设计与品牌塑造

薛生辉　编著

中国科学技术大学出版社

内 容 简 介

本书从标志形象的时代变迁、企业形象系统工程体系、企业形象塑造策略、企业形象识别系统的建立与塑造、企业形象识别系统的设计与应用、企业形象识别系统的规范与传达、企业形象识别系统的管理7个方面,对企业形象设计与品牌塑造进行了系统的理论阐述。其中列举了较为丰富的国内外知名企业形象塑造的典型范例,对其进行剖析和比较,总结设计规律,理论与实务并重,使读者能够快速便捷地对如何塑造企业形象、掌握设计的基本原理和方法有一个全面明晰的认识和理解,在设计实践中可以创造性地灵活运用。

本书可作为高等艺术院校艺术设计类专业的教学用书,也可供其他艺术爱好者自学参考。

图书在版编目(CIP)数据

形象设计与品牌塑造/薛生辉编著. —合肥:中国科学技术大学出版社,2017.2(2022.1重印)

ISBN 978-7-312-04123-5

Ⅰ. 形… Ⅱ. 薛… Ⅲ. ①企业形象—设计 ②品牌—企业管理 Ⅳ. ①F270 ②F273.2

中国版本图书馆 CIP 数据核字(2017)第 004991 号

形象设计与品牌塑造
XINGXIANG SHEJI YU PINPAI SUZAO

出版	中国科学技术大学出版社
	安徽省合肥市金寨路96号,230026
	http://press.ustc.edu.cn
	https://zgkxjsdxcbs.tmall.com
印刷	合肥市宏基印刷有限公司
发行	中国科学技术大学出版社
经销	全国新华书店
开本	787 mm×1092 mm 1/16
印张	9
字数	188 千
版次	2017年2月第1版
印次	2022年1月第2次印刷
定价	35.00 元

总 序

　　江苏是我国教育大省之一,也是教育强省之一,省内高校众多,不仅基础好,政府投入大,而且学科门类齐全。近年来新兴学科不断涌现,学术带头人、教学名师、创新型人才层出不穷。如何充分发挥江苏的地缘优势、人才优势和教育资源优势,创造出更多的教育教学成果和科研成果,为经济建设服务,为传承和发扬华夏文明、建设伟大国家、实现中国梦服务,是高等教育工作者一直在思考和必须面对的问题。2013年5月,来自江苏省内多所高校艺术与传播学科的领导、学术带头人和教学一线老师齐聚南京,就普通高等教育艺术与传播学科的繁荣与发展问题展开了热烈的研讨。与会专家、学者一致认为,就国内的教育资源而言,江苏是艺术学科历史悠久和发展迅猛的地区之一,省内开设艺术学科的高校有76所,总体发展势头好,前景广阔;但另一方面,部分工科院校、综合性大学艺术学科相对于主流学科规模较小,且多为后起之秀,中青年人才居多,因此实行校际合作,优势互补,强强联手,资源共享,出版适合新时期教育教学改革和知识创新、学科发展需要,反映江苏地域特色的艺术与传播类系列新教材十分必要,意义深远。大家一致建议花3~5年时间,完成这套精品规划教材的编写和出版工作。计划一期出版教材35种,经过两年的努力,已经相继完成了部分书稿的编写和审定,交付出版社进行后期制作。我们衷心感谢参编作者为本系列精品教材的出版所付出的心血和辛劳,感谢所有关心本系列精品教材出版的领导、学者和一线工作的老师们!

　　本系列教材的参编作者秉承学术创新理念,坚持教学与科研相结合的宗旨,根据自己的教学、科研体会,借鉴目前国内外相关专业有关课程的设置和教学经验,注意理论与实际应用的结合、基础知识与最新发展及学科前沿研究的结合、课堂教学与课外实践的结合,精心组织材料,认真编写和锤炼教材内容,以使学生在掌握扎实理论基础的同时,了解本学科最新的研究方法与发展动态,掌握实际应用的技术,为在未来的职业生涯中铸就成功人生奠定坚实的基础。

这次入选的 35 种精品教材,既是教学一线老师长期教学积累的成果,也是对江苏省艺术与传播学科整体发展水平的展示和检验。我们热切地期待着本套精品教材的出版能在推动我国艺术与传播学科教育教学改革的进一步深化,在培养高素质的创新型和复合型人才方面发挥积极作用。

王 平

2015 年 5 月 18 于南京

前 言

随着经济一体化、市场全球化趋势的加快,市场的竞争日益白热化。这种竞争说到底就是对品牌形象认可度高低的选择。可口可乐、麦当劳等国际知名企业,之所以能誉满全球,家喻户晓,就是因为它们培育和打造出了个性鲜明、极富感召力和美誉度的品牌形象。通过全方位的整体推行与传播,它们在市场上树立起了誉满天下的国际品牌地位,这源于它们成功地实施了自己的品牌经营战略。当今的市场经济实际上就是品牌经济,而核心是整体形象战略的塑造与推广。实践证明,谁拥有良好的企业形象和品牌营销战略,谁就能快速超越竞争对手,赢得消费者而占据市场的主导地位。

市场经济是以品牌形象的建立和拥有来论英雄的,塑造和树立企业的第一品牌形象是所有经营者强烈和共同的愿望。这是社会经济发展的规律,同时也是广大设计工作者的重要职责。

如何塑造企业形象和打造品牌战略,不但是经营者需要精心组织和策划的重要工作,而且更需要设计人员的创造智慧和全身心投入。企业经营理念的形象化设计与整体品牌战略的市场化推广应用,首先要经过设计师之手推向市场。为此,本书旨在通过众多成功企业的形象设计与品牌经营实例来阐述和总结塑造现代企业形象的基本规律和具体方法。

全书分为7章,从企业的基本形象设计要素和形象设计的开发应用两部分进行论述。前一部分重点从如何认识形象、处理形象及系统工程三个方面入手,阐明它们各自不同的功能与整体协调关系,通过前期的准备和调研,从而形成明晰的形象设计理念。后一部分着重通过典型实例解析形象塑造的基本要点和基本方法,以大量图形实例揭示出将设计理念转化为符号识别这一艺术形式的设计规律。其次，在形象塑造的表达形式上力求从各种不同的角度、以多种表达方式对不同的形象设计类型进行剖析和比较，使读者能够在相互对比中掌握系统形象构思创意的方法，进入形象塑造的新境地。从结构上本书分为基础理论（前三章）、实际应用（第四章、第五章）、系统管理（第六章、第七章）三部分，彼此互有联系并形成统一的整体。希望能够给读者以启发，开拓思路，大胆创新，在坚持规范的原则下，展开丰富的想象与品牌形象的创造。

本书在编写中，力求内容更加贴近时代发展，符合现代人的思想观念，注重基本理论同现代设计观念及表达方式的有机结合。为使每一章节所论述的观点都有利于读者的理解，作者大量运用具有针对性、代表性、新颖性的图例，使之图文并茂，直观明了，突出美观、易懂、实用的特点。希望本书能够成为一本既重视启发和培养学生实践动手能力，又便于操作的形象塑造指导读本。

另外，对系统的规范使用与管理也是本书特别强调的重要方面。为此，本书增加了形象识别系统管理的内容，这样使读者不但懂得如何设计，而且也掌握了如何使用与管理形象识别系统方面的知识。

由于时间匆忙，总感觉书中还有很多不足和缺憾，在此恳请同行专家和读者给予批评指正。

编　者

2016 年 8 月 6 日于常州

目 录

总序 ·· （ⅰ）

前言 ·· （ⅲ）

第一章　标志形象与时代变迁 ·· （1）
  第一节　走近标志形象 ··· （1）
  第二节　现代生活方式与品牌形象 ····································· （2）

第二章　企业形象系统工程三步曲 ·································· （6）
  第一节　企业形象的内涵 ··· （6）
  第二节　确立鲜明的精神理念 ··· （7）
  第三节　构筑完善的管理规范 ··· （8）
  第四节　创造独特的视觉识别 ··· （9）

第三章　企业形象塑造策略 ·· （11）
  第一节　品牌设计的策划程序 ··· （12）
    一、企业现状调研 ··· （12）
    二、消费大众调研 ··· （12）
    三、调研报告 ··· （12）
  第二节　品牌形象的定位分析 ··· （13）
  第三节　品牌形象的设计开发 ··· （14）

第四章　企业形象识别系统建立与塑造 ·························· （15）
  第一节　标志——企业的门面 ··· （16）
    一、标志形象设计的基本原则 ··· （16）
    二、标志形象构成类别 ··· （22）
    三、标志形象创意举例 ··· （35）
    四、标志的制作 ··· （48）
  第二节　标准字——特定的企业形貌 ································· （54）
    一、走出标准字的设计误区 ··· （54）

二、标准字设计贵在创新 …………………………………………………（55）
　　三、标准字的涵盖范围 ……………………………………………………（55）

第三节　标准色——企业的象征 …………………………………………（61）
　　一、企业标准色的类别 ……………………………………………………（63）
　　二、标准色设计原则 ………………………………………………………（66）

第四节　吉祥物——企业形象的代言人 …………………………………（68）
　　一、吉祥图形的意义与作用 ………………………………………………（68）
　　二、吉祥物的造型特征 ……………………………………………………（72）

第五节　辅助图形——企业形象的延伸与补充 …………………………（82）
　　一、辅助图形构思方法 ……………………………………………………（83）
　　二、辅助图形创意举例 ……………………………………………………（83）

第五章　企业识别系统设计应用 ……………………………………………（88）

第一节　办公系统——形象展示与交流的窗口 …………………………（88）
　　一、信封、信纸和名片 ……………………………………………………（88）
　　二、各种票据、证券及其他办公用品 ……………………………………（90）

第二节　产品、包装系统——沟通与传播的纽带 ………………………（92）

第三节　服饰系统——形象表达的靓丽风景 ……………………………（95）
　　一、识别性原则 ……………………………………………………………（96）
　　二、适用性原则 ……………………………………………………………（96）
　　三、视觉统一性原则 ………………………………………………………（96）

第四节　车辆、交通系统——流动的形象大使 …………………………（98）

第五节　环境系统——无声的形象门脸 …………………………………（102）
　　一、企业外部建筑环境 ……………………………………………………（102）
　　二、企业内部建筑环境 ……………………………………………………（104）

第六节　网络媒体——企业形象认知的快速通道 ………………………（106）
　　一、企业形象媒体推广的含义 ……………………………………………（106）
　　二、企业形象网络媒体推广的主要形态 …………………………………（108）
　　三、企业形象网络媒体推广的主要手段 …………………………………（116）

第六章　企业识别系统手册 …………………………………………………（119）

第一节　CI手册的构成类型 ………………………………………………（119）
　　一、CI手册所包含的基本内容 ……………………………………………（119）
　　二、CI手册的常见类型 ……………………………………………………（120）

第二节　CI 手册的内容 …………………………………………………（120）
　　　一、基本要素设计部分 ……………………………………………………（120）
　　　二、应用要素设计部分 ……………………………………………………（121）
　　　三、CI 树 ……………………………………………………………………（122）
　　第三节　CI 手册的规范制作与使用 …………………………………………（126）

第七章　企业形象识别系统管理 …………………………………………（127）
　　第一节　形象识别系统管理的内容 …………………………………………（127）
　　第二节　形象识别系统管理的方式 …………………………………………（128）

参考文献 ………………………………………………………………………（129）

后记 ……………………………………………………………………………（131）

第一章
标志形象与时代变迁

第一节 走近标志形象

自古以来,人类一直在不断地寻求对自然物象的认知方法与情感沟通的表达形式。在长期的生产劳动实践中,人们创造了行为、语言、表情、图形等不同方式的信息传递工具,逐渐将自己的生活经验、思想情感、审美理想与信仰融入其中,为了使这种思想观念长久、稳定、持续地传播,人们选择了具有象征意义的符号将其固定下来,即早期的图腾标志。纵观历史,从原始社会的记号到图腾,从商周的象形符号到秦汉的印章,再从唐宋的幌子到明清的洋化标志,符号穿越历史长河,历经岁月古道,从远古走向现代,浓缩和承载着人类历史的风云变幻与演变轨迹。

随着时代的变迁,无论符号在形式上从具象到抽象、由繁琐到简洁做何种形态上的变异,其象征性、寓意性、审美性的特点都始终不渝,并不断深化和赋予新的时代精神,成为人类社会发展的历史见证与现代商业文明的视觉亮点。因此,可以说人类的历史就是创造和运用符号的历史,是将人的意识演绎为符号化世界的过程。

在现代社会,符号从来没有像现在这样显示出无比强大的生命活力与形象感召力。大到奥林匹克运动会标志,小到一个企事业单位的标识或产品商标,方寸之图,却出尽了风头。尤其是在当今市场经济条件下,它的内涵与功能得到全面拓展,不再仅仅是一种产品的标记,还反映出产品的附加值和一种企业文化,体现出企业要建立的一种生活方式和一种精神上的需求。消费者在选购商品的同时,得到的不仅是物质上的享受,更是一种时尚的追求和精神上的满足。所以形象在塑造品牌、开拓市场方面正发挥着巨大的作用。

图1-1至图1-3所示分别为济南刘家功夫针铺标志、馋邻泰国芒果饭店招牌、西方传统招牌。

图 1-1　济南刘家功夫针铺标志

图 1-2　馋邻泰国芒果饭店招牌

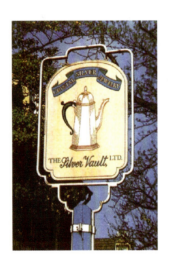

图 1-3　西方传统招牌

第二节　现代生活方式与品牌形象

当今世界已经步入一个科技、文化、信息、商品高度发达的全球网络化时代，人们的思想观念、生活方式等因为形象意识的增强而发生着深刻的变化。正是通过形象的全方位传播的影响，实现了社会大众的品牌"梦想"。一个国家为了赢得良好的国际地位与声望，博得广泛的尊重与支持，需要通过政治、经济、文化、外交、军事等途径来塑造自己的形象。一个企业要想在激烈的市场竞争中求得生存和发展，就必须通过产品的内在质量、外在包装与形象宣传、销售服务、商品特色等重要环节共同打造品牌形象，方能立于不败之地。作为社会细胞中的一个人，要想在社会上有所作为，被他人所认同，就必须从文化思想、知识水平、为人处事、工作能力、言谈举止与仪表等方面全面提升自己的综合素质，树立良好的社会形象，否则就不可能受到人们的尊重和敬佩，这就是形象的魅力。无论是国家、企业还是个人，如果不重视自身的形象塑造，只是默默无闻、碌碌无为、因循守旧、不思进取，那么都终将被社会发展所淘汰。

21世纪是一个品牌形象重新整合与塑造的时代，谁具备良好的形象和信誉，谁就会赢得市场和人心。尤其是在今天品牌社会化、社会品牌化，商品日益丰富的今天，产品之间在功能、质量、技术水平、寿命等方面的差异越来越小，消费者已无法深入了解它们之间的区别究竟在哪里。同样是饮料，为什么"可口可乐""百事可乐"受到众多消费者青睐，而其他品牌却没有这么风光呢？原因就在于形象发挥了作用。这些商品通过长期而广泛的宣传，在市场和消费者心中树立了良好的品牌形象，并且总是和欢乐喜庆的场面紧密相连，潜移默化之中，它们成为人们生日聚会、贺喜祝寿中不可缺少的助兴剂，是欢乐的象征。又如"脑白金"品牌，将产品与关爱老人、享受健康人生联系在一起。这些产品都是在品牌信誉的感召下才得以流行的，它们影响着人们的生活方式，给人带来美的享受，在引导消费的同时也提高着人们的生活品位。图1-4至图1-11所示是一组典型形象标识图案。

由此可见，一个令消费者信赖与赏心悦目的形象，是促成其购买行为的直接动因。人们的消费观念已从过去的"实用、经济、美观"发展为对品牌的追求。追求商品的附加值已成为当今的一种消费趋势。同样是服装，"鳄鱼"品牌和一般品牌，就因品牌不同而价格大相径庭。许多人不惜花费高于一般品牌数倍的价格购买名牌产品，以显示身份地位，塑造自身形象，其意义已不再是仅仅从实用出发，而成为对自身生活方式的一种选择，是对社会形象的一种塑造。人们抽万宝路香烟、喝茅台酒、穿皮尔卡丹服装、吃麦当劳汉堡包，要的是什么？是感觉，是品位，是形象。

因此，在现代社会，形象就是效益，形象就是企业生存发展的生命。人类的社会活动与现实生活需要丰富多彩的品牌形象装扮和提升人们的生存质量，而形象本身也必须与时俱进，不断完善优化其内涵与外延，才能更好地满足人们的物质需要与精神需求，否则必将遭到市场的淘汰。这个形象并非单纯的视觉形象，而是企业整体的经营战略。传统的经营战略都是围绕着产品的销售来制定的，现代企业则不再是简单地针对产品，而是以提高和营销企业整体形象为目的来开展市场营销活动的。CIS（Corporate Identity System，形象塑造与管理理论）正是以设计和塑造良好的企业形象为目的的一种新型经营技法。

图 1-4　现代商业标识形象　　　　图 1-5　肯德基标识形象

图 1-6　可口可乐标识形象　　　　图 1-7　现代商业广告

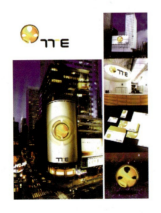

图 1-8　日本企业 VI 设计　　　　图 1-9　必胜客餐饮标识形象

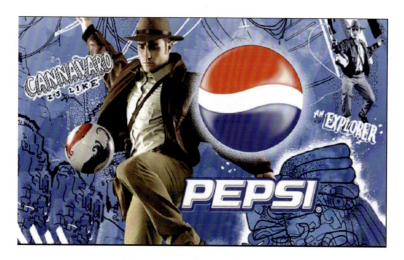

图 1-10　百事可乐形象推广

图 1-11　太阳神形象推广

第二章
企业形象系统工程三步曲

第一节 企业形象的内涵

何为企业形象？

企业形象是指一个企业给社会大众留下的总体印象。可以从两个方面来认识，广义的企业形象包括：企业经营的宗旨、经营思想、产品广告宣传手法以及职工的精神面貌和服务态度给人留下的印象。狭义的企业形象，主要指企业形象的视觉传达，如企业标志、产品包装、办公用品、交通工具、工作人员的服饰等给人们的印象。

在现代信息化社会，无论是一个国家、一个企业，还是一个人都在竭力打造和维护各自的形象。其目的就是扩大自己的影响，能够始终占据主导地位，更有利于自身的生存和发展。这是社会文明进步的必然结果。适者生存，强者兴旺，弱者淘汰是自然规律。社会的进步与发展将会更加证明形象这一巨大的影响力。正是在这种现代工业文明的推动下，便派生出当今社会较为时尚和普遍流行的形象塑造与管理理论，即 CIS。虽然它于 20 世纪 80 年代才传入我国，但是发展势头之强劲，传播影响之广泛都是空前的。一时间在我国大地涌动着一股 CI 热潮，成为企业宣传推广和营造自我形象的有效武器。

CIS 是英文 Corporate Identity System 的缩写，可以解释为国家形象系统、城市形象系统、企业形象系统等等。作为系统工程，它不是用一个简单的形象所能涵盖的。其传达方式主要是以视觉传达设计系统为主体的统筹设计与策划，使企业或团体的形象达到统一化、标准化、个性化和专门化，从而构筑一个完整的形象识别系统。

之所以把它称为营造品牌的战略，就是因为它不仅仅是一种单纯的设计行为或者管理行为，而是将企业的经营行为上升到一种具有丰富哲学和经营美学并融于一体的文化行为这样一个高度，是一项创造性的庞大系统工程，是经济学、心理学、美学、设计学和社会传播学等各种学科与现代企业管理理论有机结合的综合型战略体系。从运作角度而言，它几乎涵盖了企业经营发展的全过程。因此，被誉为是整合现代企业形象的航空母舰。

一个完整的形象系统就像一个交响乐团，由指挥、管乐、弦乐、打击乐几部分组成，在演奏中各有分工,彼此配合,协调一致,形成合力,在指挥的统一调度下,方能演奏出悦耳动听的优美曲调,如果其中欠缺任何一部分或缺乏默契配合,都会影响整体演奏效果。

作为形象系统工程,同样也需要最基本的组成要素,即理念识别(MI)、行为识别(BI)和视觉识别(VI),这三者便构成了企业形象整体协奏的三个乐章。它们是统一完整而不可分离的。

第二节　确立鲜明的精神理念

在商品经济日益繁荣的今天,市场的竞争,归根结底就是形象的竞争,而形象是什么呢？它是企业的产品形象、管理形象、服务形象、公关形象、营销形象、环境形象、广告形象等同一化整合后的集中体现。它必须建立在企业精神理念这一核心上。企业的一切行为活动与视觉设计都应围绕着精神理念这个中心展开。所以说精神理念就是一个企业实现自我价值的根本指导思想,是一个企业的灵魂。完善而坚定的理念犹如智慧、坚毅的头脑,直接影响着企业内部的动态活力和制度。企业理念通常包括企业精神、企业宗旨、经营方针、企业口号等,它们贯穿在企业的生产、经营、服务等各个环节中,具有强烈的精神感召力。

一个国家要发展,首先必须制定立国安邦的大政方针。它的确立便构成了国家在政治、经济、文化、军事、外交等领域开展工作必须遵循的行动指南。否则,这个国家的事业发展就会陷入群龙无首之中,失去方向,盲目从事。

企业要在竞争中谋求生存与发展,同样也要优先确立自己的经营理念。唯有明确了这个指导思想,方能形成企业具有凝聚力的精神支柱和强大动力。卓越的企业经营理念必须弘扬一种奋发向上的企业精神。比如,日本松下电器公司之所以获得巨大成功,与它的经营理念是分不开的。它的企业宗旨是:"认清我们身为企业家的责任,追求进步,促进社会大众的福利,致力于世界文化的长远发展。"在企业宗旨指导下,松下员工确立的信条是:"唯有本公司每一位成员亲和协力,才能促成企业进步与发展。因此,我们每个人都要时刻记住这一信条,努力促使本公司不断地进步"。

"为人类创造最佳环境"(劳斯公司)。

"我们每一个都代表公司"(波音公司)。

"创造:为世界文化产业做贡献,为世界的 TDK 而奋斗"(TDK 公司)。

"当太阳升起的时候,我们的爱天长地久"(中国太阳神集团)。

这些企业理念个性鲜明，目标明确，极富亲和力与行业特点，显示了企业管理层励精图治、奉献社会、谋求消费者信任的真诚，突出了公司成为社会重要角色的宏大抱负和美好愿望，由此也激发出企业员工创造财富、享受生活的热情。

企业精神就是形象，就是动力，就是奋斗方向！

第三节　构筑完善的管理规范

精神理念属于企业文化的意识形态层面，是形象系统工程的动态部分，是理念识别的行为体现，它的确立为企业的发展指明了方向。然而要实现企业的目标和价值观，还需要对行为识别范畴中的企业内部的人事、组织、制度和员工思想教育、工作环境、产品开发策略以及对外公共关系活动等方面进行全面规范治理与改革。消除那些不利于生产、发展的陈规陋习，制定一些有利于激发和调动广大员工积极性和创造性的奖惩措施。使之成为全体职工的行为规范和指南，成为对职工提出具体工作要求的准则并形成企业独特的向心力。

太阳神集团的创业者常爱说的一个词叫"发挥"，他们认为："高素质的人才在企业中必须有一个良好的发挥机制，任何人都有长处和短处，良好的企业机制将挖掘人的优点。"这种认知为企业快速发展提供了切实的保障。

遍布全球拥有一万多家连锁店的国际著名企业"麦当劳"公司自1955年创办以来，它的经营理念一直是"品质、服务、清洁、实惠"，为使这一宗旨能持久地落实到每一项具体的工作和员工的行为之中，公司制定了服务人员必须认真执行的规范：

一律着统一的工作服；不准留长发，女服务员必须戴发网；不准吸烟和嚼口香糖，对女服务员的首饰和指甲油都有特别的要求；各类餐具和设备几乎全都采用不锈钢的，以便于清洗和保持清洁；盛装汉堡包和其他食品饮料的器皿全部都是一次性的纸制品，用后就丢入店内专设的垃圾箱内……所有这些，其目的都在于实现自身的经营宗旨，在顾客中塑造出良好的企业形象。

所以，从企业精神理念的确立到行为规范的贯彻实施，不仅要求产品质量的高标准，更要求企业管理的高水平，经营机制的高效能，经营作风的高信誉，职工队伍的高素质，而这些也正是企业导入CIS的目的。

对外的公共关系活动是实现企业精神理念的重要途径，也是体现行为识别的有效环节。企业通过这一纽带可以提升其社会地位与美誉度，比如中国在"申办奥运会""希望工程""抗击非典""抗震救灾"等各类社会活动中，很多国内企业纷纷捐款、捐物，积极参与,它们用自己真诚的爱心和奉献创造并传播着企业热心国家建设与社区文明,富有社会责任感和同情心的美好形象,从而也将赢得社会的赞誉和消费者的回报。这缘于良好形象深入人心的结果。

第四节　创造独特的视觉识别

理念识别为企业的发展进行了准确的定位,行为识别则为理念识别的具体实施确立了机制与行为规范,而视觉识别是对这两者的形象化解释。视觉识别属于形象系统工程中的静态部分。由于人类所接受的信息80%是通过视觉接受的,所以这一环节对于企业的信息与形象传播而言层面最广,感召力最具体且直接,在整个系统中占有非常重要的地位。消费者不但从产品包装、建筑物、运输工具、营销环境、各类广告、办公用品、纪念品及服饰等物质载体上一目了然地掌握企业的情报信息、文化特质,更从那巧妙、优美、富有美学蕴涵的标志造型中产生对企业的认同与信赖。因此,视觉识别如同企业的面孔,"英俊""潇洒",可博得社会各界与公众的喜爱,不仅显示其文化内涵与审美情趣,而且给人留下比较深刻的印象和美好的回忆。

企业要区别他人,彰显自我,必须塑造具有鲜明特色和个性化的形象符号,才能便于区分与记忆,达到识别目的。同时还必须根据企业的行业特点、规模大小、事业方向、产品范围、经营状况等方面来规划企业形象的设计方式与特征。力求做到以下几个方面的统一:

(1) 个性的创造:努力寻求开发表现造型的独特个性、实施个性、管理个性与传播个性。

(2) 美的追求:站在设计目标生存环境的审美角度上,创造适合现实的、未来的,地区的乃至全球的审美标准。

(3) 易于理解和应用:从实用与传播的角度,开发创造易于沟通、制造和推广的形象。

形象系统工程中的精神理念、管理规范、视觉识别三部曲是一个互为因果,相辅相成的统一整体。如果把CIS比作一个人,那么MI(理念识别)就是人的思想,BI(行为识别)就是人的双手,行为举止由它来体现,VI(视觉识别)就是人的一张脸,是人的外貌仪表。思想支配并规范着人的行为活动,外貌则是人们认知和了解其内在品质的最直接的媒介,只有三者达到和谐统一,才是一个健全成熟的"人",它的一举一动才能够取得公众和社会的认同和信服。所以对一个企业来说,CI战略所要解决的就是企业主体的"自我认识"和"自我塑造"与"社会认同"的整体和谐发展。

三者之间的关系可用图 2-1 表示。

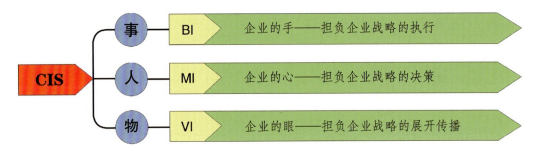

图 2-1　CIS 形象策略结构图

图 2-2 所示是可口可乐的广告，图 2-3 所示是中国人民银行的标识，它们都充分体现了上述三者的完美和谐统一，堪称杰作。

图 2-2　可口可乐广告

图 2-3　中国人民银行标识

第三章 企业形象塑造策略

　　企业品牌战略,从市场营销的角度而言就是企业以品牌的营造、使用和维护为核心,在分析研究自身条件和外部环境的基础上所制定的企业经营总体行动计划。在此也包含了企业理念识别(MI)、行为识别(BI)、视觉识别(VI)三大要素的系统整合优化设计与传播。其中,视觉传达部分的形象化设计是展示企业品牌形象重要的外在形式。

　　因此,以形象的设计带动品牌战略的实施进而在市场树立良好的企业自身形象,是企业为之奋斗的目标。在"注意力经济"盛行的当代消费社会,一个成功的品牌形象战略关乎企业生死存亡以及从卖方市场到买方市场的成败。可口可乐品牌将这一瓶饮料卖到全球靠的是什么?是它那飘逸、流畅的弧线,红白两色构成的花体字形图案以及流线型的瓶身在人们心中的印象,而并非饮料的味道。如果要问可口可乐与其他饮料的味道究竟有多大差别,恐怕很难说得清楚,但若问及形象是什么样,回答肯定都知道。从可口可乐形象的设计可以看出雷蒙·罗维对这一品牌战略的不懈追求和用心。它之所以能创造出价值达400多亿美元的无形资产,靠的是什么?是因为品牌塑造形象化的推广造就了神话!

　　可口可乐品牌形象示于图3-1。

图3-1　可口可乐品牌形象

这也充分证明了形象就是效益,形象就是企业生存发展的生命这一品牌设计的价值所在。

第一节 品牌设计的策划程序

品牌塑造的组织实施首先要在深入研究消费者内心世界、购买此类产品的主要驱动力、行业特征、竞争品牌的品牌联想的基础上,定位好以核心价值为中心的品牌识别系统,然后以品牌识别系统统帅企业的一切价值推广宣传活动。

如何打造既能蕴含企业经营理念、精神文化风貌,又能激发消费者欲望的品牌形象呢？我们可从以下方面入手。

一、企业现状调研

调研是进行品牌形象设计的基础。就好比我们修建大楼一样,要根据大楼的高度来确定挖掘地基的深度。如果没有对企业深入细致的调查,缺乏客观现实依据,设计就会成为空中楼阁,只能是纸上谈兵。要想做到目标准确、有的放矢,就必须对所选定的对象进行全方位的调研分析。实施调研的目的就是为了全面掌握企业实际状况,了解企业生存环境,获取有利于形象塑造准确可靠的信息资源,为下一步设计的全面展开奠定基础。

企业现状调研的内容主要包括企业的经营理念、营销方针、产品开发策略、组织机构、企业员工基本情况、消费市场环境、产品特性、同类产品的优势和劣势、企业现状和存在的问题以及今后发展趋势、现有产品商标和企业标志的使用情况等方面。

二、消费大众调研

消费大众调研主要是对受众当下与未来的消费时尚、消费心理、审美趋向、文化因素、品牌知名度及美誉度的认知评价等进行调研,从中获取品牌形象设计的美感源泉和客观依据。

三、调研报告

调研报告是对所有调研过程获取的数据、信息资料的文案汇总。其基本要求是必须具备内容真实、客观、准确、表述清楚、逻辑性强的特点。报告能够总结提炼出适合转化为视觉语言的关键词汇,为企业管理者提供具体的组织实施决策参照,同时也是设计人员进行品牌形象设计构思的源泉和理论依据。调研报告应包含以下方面内容：

（1）调查的目的、对象、时间及其他必要的说明。

（2）关于企业知名度的分析和经过整理的结论。

（3）关于消费者识别企业形象的途径、手段的情况分析和总结。

（4）对消费者识别企业产品标志（品牌）的情况分析。

（5）对企业现有标志、标准字体、标准色及总体形象知名度的分析和总结。

（6）对不利于企业形象因素的分析及基本对策的建议。

（7）与同行业其他企业比较的资料。

（8）自己的设计方案与具体计划。

第二节　品牌形象的定位分析

通过一系列的调研，对掌握的信息资料进行文案总结并形成结论性的报告后，接下来就是在全面科学的分析论证基础上，做出准确的品牌定位和自己清晰的设计构想。"好的品牌定位是品牌成功的一半。"品牌定位是为了让消费者清晰地识别并记住品牌的特征及品牌的核心价值，在产品的包装设计、广告宣传等方面都能彰显这一品牌的形象魅力。品牌的定位反映品牌的理念，而理念是形象设计的内在因素。成功的品牌都有准确的定位和理念，如耐克将"体育、表演、洒脱、自由"运动精神作为耐克追求个性的品牌文化核心，富有激情与动感的钩钩符号（见图 3-2），为耐克树立了一种"敢作敢为，率直不驯"的品牌形象，吻合了青年一代的心理特征，牢牢吸引住年轻消费者并培养了他们的品牌忠诚度。因此，品牌形象的设计，就是要表现出鲜明的理念定位，从而创造出富有感染力的视觉符号，这样就能在市场营销的运行中起到强化品牌信誉、树立企业良好形象和生命力的作用。

图 3-2　耐克品牌形象

第三节　品牌形象的设计开发

在对调研报告进行分析、论证和做出准确定位之后,就要进入到设计开发阶段。主要任务是完成从企业精神理念共识化、思想行为规范化、视觉识别系统化的整合到基本主体要素的提炼创意再到应用系统的衍生开发几个过程的统筹设计与规划。基本要素包括企业标志、企业标准字体、企业标准色、企业图案、基本组合形式等;应用系统包含办公用品、产品包装、服饰用品、建筑环境、广告传播、展示陈列等(见图3-3)。

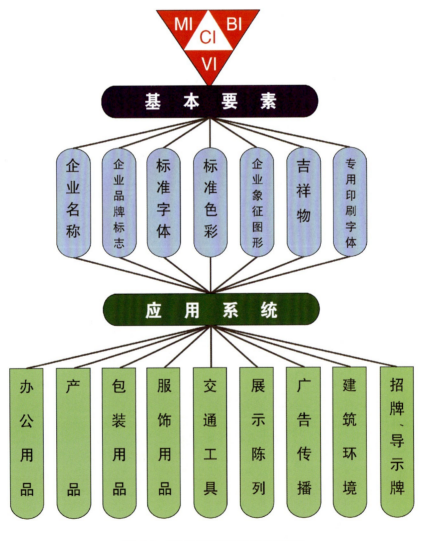

图3-3　视觉识别系统执行要素

第四章
企业形象识别系统建立与塑造

形象塑造的目的就是要运用视觉化的设计实现企业经营理念的系统化、专门化、标准化、个性化的整体传播。这个系统主要包括基本设计要素的创造和应用设计要素的开发两方面。尤其是要以标志为中心,以标准字体、标准色彩为主要内容,通过标志的全新设计带动整个设计系统,树立起崭新的视觉形象。这样才能形成完整、统一、规范的企业品牌形象。然后编辑印制包括基本要素的形态、组合规范,在应用系统中的使用范围、使用方法、管理要求等内容的 VI 设计手册(见图 4-1)。

图 4-1　中国华铭 VI 手册

第一节 标志——企业的门面

任何一个商品在进入流通领域之前,就像新娘出嫁一样,都要进行打扮,经过一番浓妆艳抹才粉墨登场,目的是首先证明自己的合法身份,展示自己最为风光动人的容貌,以非凡的气质和独具魅力的形象赢得新郎的欢心和亲朋好友的赞美。一个企业或者产品要立足市场进入货架,同样也要经过巧妙打扮才能为人们接受,以自己崭新的面貌与大众对话,和社会交流,从而证明自己的存在和与众不同,这个不同就是企业或商品的识别标志与名称。因为社会对企业或商品的认知与识别首先是从这个环节开始的,所以这张门脸就成为它走向市场的通行证。它将企业的行业特征、经营理念、产品性质与内容,通过简洁的图案造型、明确的含义、统一的色彩传达给公众。它的最大特点就体现在视觉传达的直观性、意义传播的观念性和文化传播的寓意性上。它向社会和市场展示出企业独特的发展战略、行为方式和运行实态,塑造、渲染和传递企业及其产品完整统一的视觉识别形象。

这个标志就是通过一定的文字或图形,或两者的结合来表达某种概念特征的视觉艺术,对文字或图形不只是简单的看图识字、看字识图的表象要求,而是经过变体的特别组合方式,构成具有内涵升华意义的崭新形象。内容和形式的统一,"以意造型""以形表意"的辩证关系是设计者必须遵循的一条基本原则。

一、标志形象设计的基本原则

(一)形象鲜明,意念清晰

标志形象作为特殊的视觉符号,是对一个行业特征、信誉、文化、理念的综合与浓缩,必须具备高度的形象概括与个性特征,在众多的形象群体中能使人一目了然,过目不忘。形象语言的内涵表达能够瞬间达意,概念清楚。如我国香港凤凰卫视台标志采用双凤相戏的形象,简洁明了,既反映了人们追求吉祥的心理意念,又对凤凰本身做出了最好的诠释(见图4-2)。

1997年上海国际魔术节标志(见图4-3),将魔术神秘滑稽的艺术形式用非常概括化的礼帽、手与鸟的巧妙结合表达出来,形象地表达了魔术能给人带来欢乐、愉快和极具吸引力的鲜明特点。

首届武汉美食节标志(见图4-4),以厨师和鱼为元素组成一幅极为洗练的图形符号,清晰地表达了鱼米之乡的地域特点和美食节的主题。

图 4-5 所示为哈尔滨女人街改造工程标志。

图 4-2　中国香港凤凰卫视台标志

图 4-3　上海国际魔术节标志

图 4-4　首届武汉美食节标志

图 4-5　哈尔滨女人街改造工程标志

图 4-6 所示为加拿大环境保护标志。我们知道,枫叶是加拿大的象征,在此,设计者用枫叶和鸽子形象鲜明地表达了加拿大动物保护的信息概念,意念清晰,无可挑剔,恰到好处。

同样的设计理念还有国际大专辩论会标志(见图 4-7)、朝阳家教标志(见图 4-8)和虹利房产公司标志(见图 4-9)等。

图 4-6　加拿大环境保护标志

图 4-7　国际大专辩论会标志

图 4-8　朝阳家教标志

图 4-9　虹利房产公司标志

（二）创意新颖，形象感人

标志在创意和形象设计上应独具匠心，别具一格，富有独特的艺术魅力，使人耳目一新，为之兴奋，充分享受到形象给人带来的心理愉悦。但形象的创新必须贴切达意，不可盲目追求奇形怪诞，否则适得其反。"一马先集团"标志，以一、马、先三个字的汉语拼音首字母为设计元素，并以书法的笔意凝练而爽快地一挥而就，尤其是"X"的最后一笔果断"刷"出，构成了飞奔状态下马尾的形状，而"Y"的造型又恰似马头和马脖子，整个标志由字母和马的造型紧密结合，妙在似与不似之间，形象地表达了该标志"一马当先"的精神理念，简练生动，轻松自然，构思新颖，富有魅力，是形式与内容结合比较成功的范例（见图 4-10）。

类似的构思还有参山风景区标志（图 4-11）、江西大通设计公司标志（图 4-12）和麦香大饼标志（图 4-13）等。

图 4-10　一马先集团标志

图 4-11　参山风景区标志

苏州周庄城市标志的设计可谓构思巧妙，创意奇特，紧紧抓住小桥、流水、人家的江南水乡特点，把具象的黛瓦粉墙、拱形石桥抽象化变成"周庄"二字，使周庄图案化、符号化、品牌化,这就是简约、直白、形象的"周庄"(见图4-14)。

类似的设计很多,参见图4-15至图4-19,请读者细细分析品味。

图 4-12　江西大通设计公司标志

图 4-13　麦香大饼标志

图 4-14　苏州周庄城市形象标志

图 4-15　中国台湾红鼻子舞台剧标志

图 4-16　小嘟来品牌标志

图 4-17　羊大碗快餐标志

图 4-18　第 43 届世界乒乓球锦标赛会徽　　　　图 4-19　悦客咖啡标志

(三) 容易识辨,利于传播

标志形象的首要功能就是传播信息,它要求形象中的大小对比、色彩强弱的搭配、整体节奏平衡等造型要素力求强烈醒目,像信号一般使人清晰可辨、准确明了,不会因为图形的缩小和环境的不同变化而影响到信息的传播。例如,延安城市形象标志,采用民间剪纸的手法将延安的宝塔、延水河与窑洞融为一体,醒目、直观、形象,给人以强烈的视觉冲击和美感(见图 4-20)。

这类设计也很多,如图 4-21 至图 4-23 所示,请读者自己去分析体会,从中悟出设计灵感。

图 4-20　延安城市形象标志　　　　图 4-21　古井集团标志

中央电视台焦点访谈栏目标志,造型洗练明了,富有视觉感染力,透过犀利的目光传达出该栏目的特色所在(见图 4-24)。

自由鸟服饰以休闲服装为主导产品,其标志以中国汉字篆体"鸟"为创作原形,具有中国特色,塑造出一种自由、健康、轻松的品牌形象(见图 4-25)。

图 4-22　唯一色彩画廊标志

图 4-23　第三只眼睛标志

图 4-24　央视焦点访谈栏目标志

图 4-25　自由鸟服饰品牌标志

类似的创意设计如图 4-26、图 4-27 所示。

图 4-26　花花公子标志

图 4-27　天津广告公司 20 强标志

奥林匹克运动会会徽由 5 种颜色构成五个圆环形象，它象征着世界五大洲的人民团结起来，为创造光明世界而努力。其中，蓝色代表欧洲，绿色代表大洋洲，黄色代表亚洲，黑色代表非洲，红色代表美洲。同时这 5 种颜色又包含着各国国旗的颜色。现在，这个经典的五环标志已经深入人心，成为运动、团结、友好、和平的象征（见图 4-28）。

"中华老字号"标志依据中国印章造型进行深化，图形巧妙地连接成两个汉字——"字"和"号"的组合，"字号"图形贴切地表达出中华老字号的意义，显示出中华文化的博大精深，也预示着传统文化的魅力在现代社会的旺盛活力。金石篆刻的手法诠释了老字号的历史感，突出了其久远悠长的韵味和时间积淀。"字号"图形上下融会贯通，体现出了商业流通与老字号之间相互共同影响发展的美好前景（见图4-29）。

图 4-28　国际奥委会会徽

图 4-29　中华老字号标志

二、标志形象构成类别

标志是一种象征艺术。运用方寸之图对某一事物范畴、形象的精神内涵等进行高度的艺术提炼，不仅要反映出特定的意义，还要在视觉上给予合理的表达。所以，意念准确，便于记忆，形象优美便构成了现代标志形象的基本特征。这种表达必须借助不同的形式因素来反映，通常情况下可分为以下几种类型。

（一）文字型标志

文字的发明是人类智慧的结晶，无论是中文还是西文，都具有符号形象化的特征。由于它最善于表达人的思想观念与情感，所以很早就作为一种标识图形用于人类的社会活动之中。

1. 汉字型标志

汉字是世界上最古老的文字之一，它源于图画，在形体上逐渐由图形抽象为笔画，把象形变为象征，化复杂为简单，集汉字特有的形声、指事、象形、会意、转注、假借为一身。所以，每一个汉字均是人们内心对客观世界的物化，是一个历史与文化的立体雕塑和折射，联想功能极强，望"文"即可生"义"。这种独特的形式为字体标志化创造了尽情发挥与想象的空间。北京电视台"咱老百姓"栏目标志（见图4-30）就是极好的例证。

汉字是在中华民族上下五千年历史锤炼之下锻铸出的最具民族性特点的文字，在形体上逐渐将图形抽象为笔画，把象形变为象征，化复杂为简单，形成了形、音、义的结合体。汉字区别于世界上其他民族文字的最大特点就是字形成方块，方块字不仅有书法性的节奏美、线性美，而且方块汉字的"形"能传达丰富的信息，既有猜读的可能性，又有联想余地，特别有助于思维能力的发展。北京民族乐器厂标志（见图4-31），是从古汉字演化而成的"乐"字，通过"乐"的笔画进行联想深化，使其达到形象化，仿佛让人听到了鼓钹齐鸣的民乐合奏的声音,将标志演绎成为看得见的乐声,这是对汉字深厚内涵挖掘的结果,用现代手法表现,使繁和简达到高度和谐统一。

图 4-30　北京电视台"咱老百姓"栏目标志

图 4-31　北京民族乐器厂标志

这类设计实例很多,图 4-32 至图 4-35 所示就是其中的代表作。

图 4-32　冠宜春食品公司标志

图 4-33　国际文化产业博览会标志

图 4-34　老兰布品牌标志

图 4-35　山东华夏艺术学院标志

"画王彩电"标志,以产品的名称定位,将两个汉字有机结合,黑色的"画"字如同电视屏幕,"王"字置于中间取代了"画"字的中间笔画,在视觉上醒目、强烈,起到了画龙点睛的作用,红、黄、绿三色组成的"王"字更强调了产品的属性,可谓构思新颖,过目不忘(见图 4-36)。

这类作品也非常多,图 4-37 至图 4-41 仅是其中的五例,请读者细细地去琢磨、品味。

拉丁文和汉字一样也经历了长期的历史变迁和发展，逐渐形成了特殊的字体形式和书写规律，即字形结构简单，笔画精炼，呈三种几何形状。从图案变化的角度而言，更有利于发挥这些抽象元素的单体变化和相互组合的优势。按照形式和内容要求，可对其外部形状和内在结构进行更为广泛的想象变化与构成重组。因其字形结构简单，笔画较少，文字的识别性超出任何一种文字。但也正因如此，它容易导致标志设计的雷同和重复。应根据内容的需要，充分发挥想象和创造个性，避免出现相似或混淆。

（i）以单独字母为创意的标志

以企业团体名称的字首或产品名称的首字母为设计元素开展创意，它的优点在于既强调了第一个字母在形式上的视觉冲击力，又直接把企业或品牌打出去，不但增强了字体标志的说明性，也使观众能很快理解这个标志的具体内容，并加深了印象。

摩托罗拉标志不仅是品牌 Motorola 的首字母，而且如同一双飞翔的翅膀，紧扣着"飞跃无限"，充分体现了电信（无线电）产品的优越性能，给人带来丰富联想，也体现了企业的追求（见图 4-42）。

类似的设计思想还体现在如图 4-43 所示为大家所熟识的麦当劳标志，以及如图 4-44 所示思博建筑装饰咨询标志、图 4-45 所示我点品牌标志等设计中。

图 4-42　摩托罗拉标志

图 4-43　麦当劳标志

中国台湾味全公司标志采用五个圆形图案组成味全字首大写字母 W，不仅形象地展现了味全公司注重信誉、健康、营养、圆满、完美的生产经营宗旨和挺进全球五大洲市场的国际化生产经营战略，而且形象地展示了味全公司调味品、乳制品、冷饮、饮料、名菜罐头五大系列食品及其酸、甜、苦、辣、咸五味俱全、圆润可口的品质特色（见图 4-46）。

图 4-44　思博建筑装饰咨询标志　　　　　　　图 4-45　我点品牌标志

类似设计还可以再举一些，如图 4-47 至图 4-49 所示。

图 4-46　中国台湾味全公司标志　　　　　　图 4-47　江苏理工学院艺术设计学院标志

图 4-48　博亚集团标志　　　　　　　　　　图 4-49　天歌集团标志

(ⅱ）以词组形成多字母的标志

在现实社会活动中，设计人员经常遇到需要对一个企事业单位的全名称或商品的全名称以词组进行标志设计的情况，这种标志设计直接传达企业、品牌的信息，具有听觉和视觉同步扩散与传递的优点，是近年来标志设计的新趋势。这种设计是对名称中的某个字或一组词运用特殊的、变异的处理，达到奇特的视觉效果，以增强识别性和独特性。

韩国 FUJER 标志，通过对词组中的部分字母以圆形、三角形、方形为造型主体进行特殊处理，达到了醒目、突出的效果（见图 4-50）。

图 4-50　韩国 FUJER 标志

日本索尼手提音响器材宣传标志，为了营造一种轻松、休闲、幽默、调侃的视觉心理感受，特意将词组中的两个"A"字母转换成踏着音乐的旋律快步歌舞的双脚形象，非常生动地炫出手提音响良好的娱乐功能（见图 4-51）。

图 4-51　日本索尼手提音响器材宣传标志

韩国KYOBO生活保险公司标志,由新生活、小鸟和希望构成,展示了生命的珍贵和对生命、对KYOBO生活保险的敬意(见图4-52)。

图4-52　韩国KYOBO生活保险公司标志

图4-53所示的美尔职业女装标志、图4-54所示的石家庄国文摄影艺术传播中心标志、图4-55所示的THANKS便利店标志等,也都体现了这种设计思想。

图4-53　美尔职业女装标志

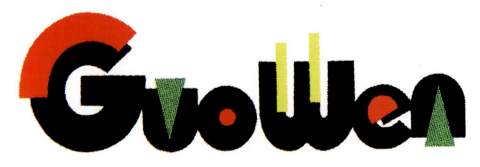

图4-54　石家庄国文摄影艺术传播中心标志

图 4-55　THANKS 便利店标志

世界著名的可口可乐公司商标,就是运用词组设计很成功的范例。该作品将 COCACOLA 这几个英文字母设计成非常生动活泼的图案化字体,并将几条极富动感韵味的飘带贯穿其中,增强了标志的灵动和美感,颜色红白分明,强烈醒目。其产品的所有包装均采用统一形式的商标形象,达到了一体化和一贯性。使这一独具特色的形象跨越全球、超越时空,深深地印记在人们的脑海中(见图 4-56)。

图 4-56　可口可乐商标

麦当劳快餐企业的标志,将 MCDONACDS 的全称黑体单词和一个自由体的"M"穿插结合,使标志动静结合,虚实相间。极具装饰性的红黄两色,给人以富丽、营养、美味和热情洋溢的视觉感受。将形象的系统性、一致性、统一性贯穿到企业所有员工的行为之中,敞开的金黄色大门已成为青年人欢乐喜庆的象征(见图 4-57)。

图 4-58 所示的 2015 年米兰世博会标志也体现了这类设计思想。

(二)图案型标志

标志形象图案化是众多企业或产品普遍采用的设计手法。无论是具象图形还是抽象图形,它都取材于自然界中一些宏观、微观的形象,或是受人们在生产劳动中所创造形象的启示,运用高于生活的集中、概括、象征性的表现方法,对物象进行图案化处理,使

图 4-57　麦当劳标志

图 4-58　米兰世博会标志

之具有典型的形象特征和鲜明的个性特征。和文字型标志相比,它不受语言文字和地域的限制,更具广泛性和传播性,便于理解和沟通。所以图案型标志是当今世界标志形象设计的主流。

1. **具象图形标志**

具象图形类标志以自然界中的一些可视形态为元素,根据其象征性和寓意性的内涵特征,通过夸张、变形、简化等手法,对形象进行符合图案化的形式美处理,使图形既保留了自然物象的具体特征,又比较典型地反映出自然物象中的神韵和本质。图 4-59 至图 4-70 所示为一组这类标志的代表作,留给聪明的读者们细细地欣赏和品味。

第四章　企业形象识别系统建立与塑造

图 4-59　一汽集团红旗公司标志

图 4-60　澳门回归标志

图 4-61　餐馆标志

图 4-62　晨星花园新形象标志

图 4-63　国药公药品标志

图 4-64　蝴蝶影像公司标志

图4-65　美食节标志

图4-66　木碗快餐公司标志

图4-67　秋林服装标志

图4-68　傻大姐青春书系标志

图4-69　细维科技有限公司标志

图4-70　上海市电话发展总公司标志

2. 抽象图形标志

抽象图形虽然也来源于自然形态，但是和具象图形相比，它对形象的提炼、概括程度更高。主要通过点、线、面、体等造型要素表现形的聚集、分割、运动或空间的相互转换，使抽象形态转化为具有生命活力能引起人们联想和共鸣的艺术形象。由于抽象图形表达的设计概念比较含蓄、理性化，其形象更集中、更富有个性化和启发性。

图4-71至图4-78是这类作品的代表作。

图 4-71 百年乐制药公司标志

图 4-72 第五届亚洲女子击剑赛标志

图 4-73 广州海赢大厦标志

图 4-74 高尔夫球会标志

图 4-75 西湖风情扇面水墨展标志

图 4-76 育生灵品牌标志

图 4-77 壮壮食品标志

图 4-78 中国广告节标志

（三）综合性标志

任何一种图形都有其自身的优势和局限，面对众多的企业和丰富的同类型商品，有时很难单纯运用文字型或图案型的表现来全面反映该企业的精神风貌，这样就要充分发挥两者的优势进行互补，采取图形与文字相配合的形式，使标志既有图形的寓意性，又有文字的提示性。由于这种综合性标志的表现力度更强，内涵丰富，信息量更大，表现形式也更具多元化的特点。

这类标志多得不计其数，美不胜收，限于篇幅这里仅列出其中的一些代表作（见图4.79至图4.88），供读者学习借鉴。

图4-79　迪生啤酒公司标志

图4-80　姑苏人家标志

图4-81　海鲜火腿肠品牌标志

图4-82　老客站酒店标志

图4-83　食则好速冻食品标志

图4-84　伦敦世博会中国馆标志

图 4-85　中国台湾宜兰观光市场标志

图 4-86　发型设计室标志

图 4-87　约翰农场标志

图 4-88　睡眠中心标志

然而文字和图形毕竟是两种不同的造型语言，既有共性，也存在个性差异。例如，线型的不同，外形的各异，是以文字为主，还是以图形为主，这些因素在图形的综合运用上都直接关系到标志形象的整体艺术表现。因此，首先要做到的就是化解不同造型元素中的对立因素为和谐的统一形式，这样才能达到形式上的互补与协调，使标志造型浑然一体，相辅相成，清新悦目。

三、标志形象创意举例

任何一件标志形象的诞生都是作者经过从理念到图形转化的细心揣摩与反复推敲创意的结果。既要表达出准确的意念，又要具备形象的典型性和个性化，这是一个复杂而艰苦的构思创意过程。由于企业之间存在着各自不同的企业精神、文化理念、产品性能特征及地域环境等差异，这就为我们的设计提供了多角度、更大范围的选择空间。由于定位不同,切入点不同,其形式语言的表达和内涵也自然各异。从而也形成了标志形象丰富多元的繁荣景象。

以下是从不同角度进行创意的典型形象范例。

(一)以突出团体企业精神、文化理念为主的标志

这种标志是以极具代表性的文化、精神为特征的形象,意在集中表现该企业或团体较深厚的内涵底蕴。这种标志的关键在于选好具有代表性和通俗性的典型图形,使人一目了然,明白其中的含意,否则将无法体现这一特征。

比如,中华先祖伏羲所创造的太极图(见图4-89),是中国传统象征符号中最具代表性的符号,它以形象的直观方式和情感语言表达了深刻的哲理与和谐的道德精神。整个画面以旋转运动着的黑白互补图形来象征世界,相互依存的鱼形代表生命轮回,揭示出天地万物的一分为二,周而复始,相互依赖,包含着非常朴素的辩证唯物观,宇宙、自然、社会、人在这里达到了高度的和谐统一。它形象简洁、内涵丰富,充分显示了相互依存又相对独立的深层含义,体现出在对比中见精神,从反衬中生光辉的图形装饰美感。

标志设计是在方寸之间的限定中做文章,在构思中艺术想象可以天马行空不拘一格,而最终归于限定的主题又必须高度提炼、概括,使形象从立意到形式千锤百炼,具有明确精炼、象征性强、包容性广、一形多义的品格。2008年北京奥运会标志(见图4-90),把象征五大洲紧密相连的奥运标志,置换成富有动感的正在打太极拳的人。巧妙之处就在于将中国天人合一的传统文化思想,运动中的人与奥运五环置换,化合同构于一体。在此,五环即人,人即五环——运动着的人,运动着的五环合一;五大洲运动的人合一;天地人合一,多种文化哲理在有限的图形中传达了无尽的意念——这正是现代设计所要提倡的厚积薄发的"内功"。因此这幅奥运会图案标志被人们普遍认为是一幅既能够引起全球共识,又具有民族性与鲜明个性的力作!

图4-89 中国太极图

图4-90 2008年北京奥运会标志

图4-91至图4-98所示的8幅标志的设计思想也都各自突出了团体企业精神和文化理念。

图4-91　陈幼坚设计公司标志

图4-92　肯德基品牌标志

图4-93　接力出版社标志

图4-94　电影超市标志

图4-95　北京燃点工作室标志

图4-96　深圳不动产担保公司标志

图 4-97　兄弟设计公司标志　　　　　图 4-98　是非律师事务所标志

靳埭强设计有限公司的标志设计也是中国传统吉祥文化和现代审美观成功结合的一个典型范例。它巧妙地借用方胜图案为基本框架,方胜是中国特有的吉祥文化图形,表达的是同心双合、彼此相通的美好意愿,从而传达出公司与客户、公司与员工、对内对外的合作沟通,以及东西方在设计文化上的交流与融合,创造出更深、更新的理念精神(见图 4-99)。

"中国形象工程"标志,将北京传统建筑中的"华表"、天安门广场和祥云彩纹融于一体,其中隐藏着"C""I""S"三个字母,代表着"中国形象系统"的含义。三个字母的排列形式和线条特征有一种互相对应的关系,"C""S"的弯曲走势,中间"I"的竖笔画正如华表主干部分的剪影结构形状,同时整体图形又像中国的"中"字。图形中的每一点和每一条纹都达到了"无一笔无出处,无一笔无用处"的效果。的确是一件很具匠心、苦心经营的典型作品(见图 4-100)。

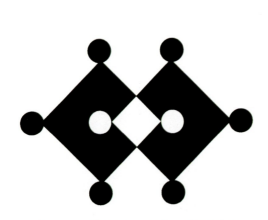

图 4-99　靳埭强设计有限公司标志　　　图 4-100　中国形象工程标志

太阳神集团公司的标志设计采用黑色人字造型构成三角形托起一轮红色的太阳,下面是公司黑色英文简称 APOLLO 和红色汉语简称太阳神。造型主体图形中稳定强健的三角形呈上升态势,体现出企业以人为本、不断创新进取的精神理念;饱满的圆形太阳,传递出企业升腾的意境和关怀帮助"人"的精神;红、黑、白三种强烈鲜明的色彩,具有很强的视觉冲击力,充分诠释了"当太阳升起的时候,我们的爱天长地久"的企业文化精神,塑造出崭新的品牌形象(见图4-101)。

图 4-101　太阳神集团公司标志

(二)以突出企业、品牌名称为主的标志

这种方法是以企业名称或某一商品名称为素材,进行与名称相符合的图形创意设计。它通常是对名称中的文字或词组进行简化、变形、夸张等艺术加工,具有视听同步传递的优势和直观、明确、通俗、易于识别的特点。

柯达公司的标志就是对企业、商标、产品名称三位一体创意设计的代表作(见图4-102)。Kodak的字首字母K与英文单词OK相联系,具有"可以""很好"的褒义色彩,Kodak的发音模拟了按动照相机镜头快门所发出的清脆声音,点明了产品的特点。标志形象图文并茂,视听同步。红、黄两色热烈奔放,生动形象地表现了企业及其产品辉煌的历史和更加灿烂的发展前景,加上广告语:"请你按动一下快门,其余的事情全由我们负责",这样就在企业与社会、产品与大众之间,贯穿了一条相互沟通与交流的心理纽带,很好地突出了企业品牌形象。

由美国设计大师保罗·兰德设计的国际商用机器设备公司——IBM的标志(见图4-103),是一个极其简洁持久耐看的符号,它由公司名称的3个首字母和条纹状图形组成,既突出了名称又十分形象地反映出数码信息产业的特征。海洋的深蓝色是它的企业文化色,拥有世界上最深奥的高精尖端技术,条纹状的LOGO表示深蓝色海洋的水层波纹。

图4-104至图4-107所示的4幅标志也体现了"以突出企业、品牌名称为主"的标志设计思想。

图 4-102　柯达公司标志

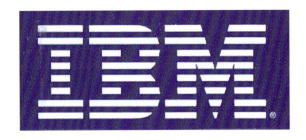
图 4-103　IBM 公司标志

图 4-104　大连金百味食品标志

图 4-105　进化论健康社区营造标志

图 4-106　大连糯米香餐饮标志

图 4-107　石家庄世贸名品商场标志

图 4-108 所示为《国画家》杂志标志，其采用刊名全称以汉字（宋体的变形）作为设计的切入点，通过相互借形、共同形的巧妙连字组合，使中国传统艺术焕发出新的时代气息，构图讲究，穿插有序，新颖别致。

图 4-109 所示陕西腾龙煤电集团标志，以昂首挺胸的蛟龙图案为主，也是字母"T""L"的抽象组合，寓意企业的名称；圆形象征地球，寓意腾龙集团以全球为市场的战略思想，高瞻远瞩；几条弧线划过天际，寓意企业宽阔的思想尺度，是一种豪迈的企业精神体

现,同时也是一条通向远方的道路,象征着企业美好光明的未来;红色是阳光的色彩,体现煤炭资源的能源行业特征,恰到好处。

图 4-108　《国画家》杂志标志

图 4-109　腾龙煤电集团标志

图 4-110 至图 4-112 也充分体现了这类设计理念,不再一一分析。

图 4-110　才子衬衫标志

图 4-111　香辣蟹标志

图 4-112　卓子艺术摄影标志

（三）以突出企业、品牌名称字首为主的标志

这是以企业名称或品牌名称的第一个字母为设计造型的主体,将其变体或与图案相结合,设计成符合标志所需要的个性化标志形象。这种方法简洁、明快,既可以突出企

业或品牌形象，又富有表现力。但需要在保持字首文字可识别的基础上，尽力追求个性化，否则容易流于一般形式和重复。

图 4-113 至图 4-123 是一组充分体现上述设计思想的典型范例，请读者自行分析欣赏，细细体会，以期从中受益。

图 4-113　白氏企业标志

图 4-114　百姓家政标志

图 4-115　北京印刷学院印刷与包装工程系标志

图 4-116　成都美术学院标志

图 4-117　东方典藏文化发展公司标志

图 4-118　风雅颂标志

图 4-119　宫御坊标志

图 4-120　三峡酒厂标志

图 4-121　正氏香港集团公司标志

图 4-122　联明冷气标志

图 4-123　西安美术学院标志

（四）以突出企业经营内容、产品造型为主的标志

这种形式是以企业的经营性质、特点或产品的形象特征为设计题材，使标志具有写实性，一看就明白它的经营业务、行业性质、产品特色等，标志形象容易出新并且具有较好的识别性。图 4-124 至图 4-136 是一组体现这一设计理念的标志。其中：

图4-126所示为1992年国际拍卖会标志,以汉字"拍"作为形象,主题准确明白。尤其叫绝的是作者将"拍"字右半边的"白"的一撇变成一把小锤,用一锤定音这一典型的情节抽象出拍卖行业的专业性形象,起到了画龙点睛的作用,使拍字形象夺人,表现到位,一目了然。

图4-128所示为中国铁路标志,它充分发挥了象征性的艺术想象,运用了形象化的艺术概括,以内燃机火车头和铁轨为元素,将两者有机结合成为一个具有鲜明行业特征、简约明确的美的造型,给人以钢铁般的浑厚坚实感受和一目了然的良好视觉形象。我国老一辈著名美学家王朝闻先生曾肯定人民铁路标志"是鲜明地表现了人民时代的富有创造性的作品"。"它是新时代人民的思想感情在徽章等样式上的特殊的表现形式。对特定的内容来说,这是十分确切、不好任意改换的表现形式。"

高速列车是现代高科技成果在铁路交通领域的应用,给各国的交通运输业带来了革命性的变革。图4-129所示为大西客运专线标志,它以高速飞奔的动车为整体造型,展示了高铁快速发展的强劲态势,体现了动车快捷、舒适、优质、安全和人民铁路以人为本的服务宗旨与经营思想。

图4-132所示为瑞士羊毛纺织品标志,以毛纺织品和羊组成图案,中间的十字为出产国瑞士国旗上的元素,它将产品、产地和原料有机融为一体,突出了企业经营内容的鲜明属性。

图4-124　花远房地产股份公司标志

图4-125　金象面食连锁店标志

图4-126　1992年国际拍卖会标志

图4-127　香港天厨企业标志

第四章　企业形象识别系统建立与塑造

图 4-128　中国铁路标志

图 4-129　大西客运专线标志

图 4-130　天门山风景区标志

图 4-131　泽兰森矿泉水品牌标志

图 4-132　瑞士羊毛纺织品标志

图 4-133　国际纯羊毛标志

图 4-134　麦丰鲜面品牌标志

图 4-135　瑞士奥依其五金厂标志

图 4-136　瓦罐汤餐饮标志

（五）以突出企业、品牌的传统历史、地域环境为主的标志

这种形式主要强调企业、品牌悠久的历史传统或独特的地域环境，通过形象的特殊魅力诱导消费者产生权威性的认同或对地域特点的新鲜感，这种设计具有故事性和说明性，要求所选形象必须具备大众的认同感。

北京王致和腐乳厂标志，以清代木版画的表现手法塑造了一位双目炯炯、充满自信、诚实端庄、雍容大度、和蔼可亲的王致和形象，具有浓郁的传统文化气息，非常形象地表达出这一优秀的中华老字号民族食品企业的久盛不衰的品牌（见图 4-137）。

杭州城市标志以汉字"杭"的篆书进行创意，"杭"字古义为"方舟""船"，"杭"又通"航"，反映了杭州得名取自"大禹舍舟登陆"的历史典故，体现了杭州作为历史文化名城的底蕴，又象征着今天的杭州正扬帆起航，展现出积极进取、意气风发的精神面貌；巧妙地将航船、城郭、建筑、园林、拱桥等诸多要素融入其中，构图精致，和谐相融，而开放的结构又显示出大气舒展的气度；标志运用江南建筑中具有标志性的翘屋角与圆拱门作为表现形式，体现了中国传统文化和江南地域特征。标志右半部分隐含了杭州著名景点"三潭印月"的形象，体现了杭州的地域特征；标志下方带有笔触的笔意，微妙地传达了城市、航船、建筑、园林、拱桥与水的亲近感，凸现了杭州独有的"五水共导"的城市特征；标志整体形象呈现出一艘船的造型，又表现了杭州的城市名称，强调了字体与图形的完美结合，浑然一体（见图 4-138）。

北京饭店贵宾楼的标志以典型的石狮子为元素，既体现了贵宾楼的福贵威严，也彰显出北京深厚的文化底蕴和特殊的王者风范（见图 4-139）。

2016 年巴西里约奥运会会徽由三个连在一起抽象的人形手腿相连而成，整体造型展示了里约著名的面包山形象。里约奥组委表示，里约奥运会的会徽体现了里约的地域特色和这座城市多样的文化，彰显了热情友好的里约人和这座美丽的上帝之城的魅力。会徽设计基于四个理念——富有感召力的力量性、和谐的多样性、丰富的自然性和奥林匹克精神(见图 4-140)。

这类标志鲜活的范例很多,图 4-141 至图 4-145 就是其中的代表作,不再一一赘述。

图 4-137　王致和品牌标志

图 4-138　杭州城市标志

图 4-139　北京饭店贵宾楼标志

图 4-140　巴西里约奥运会会徽

图 4-141　北京申办 2008 年奥运会标志

图 4-142　古越龙山品牌标志

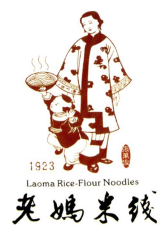
图 4-143　老妈米线品牌标志

图 4-144　日本富士银行标志

图 4-145　西安丝绸之路国际旅游节标志

四、标志的制作

标志设计是 CI 系统工程中的龙头，它的确立为系统的全面展开与制作奠定了基础。实施这一工程的目的就是通过各种不同的传媒方式对其进行正确、科学、规范的推广应用。要确保使用过程中准确无误及有效管理，就必须对标志实施严格标准的制图规范，唯有如此才能做到有效克隆和传播。

（一）标志图形的规范标示方法

要将标志图形规范有序地应用于更广泛的领域和不同的环境中，首先要对标志进行准确标注，以便在应用中有法可依，有据可寻，不至于盲目和走样。

（1）方格标示法。是利用传统的九宫方格或坐标方格，清晰明确地反映出标志的形状、比例、位置、角度及相互之间的关系。图 4-146 所示的是用方格标示法制作中国人民银行行徽的方法示意。

（2）弧角标示法。对标志图形的弧度曲线和夹角进行准确的比例与角度标示，使人一目了然方便操作。图 4-147 所示是用弧角标示法制作中国人民银行行徽的方法示意。

图 4-146　中国人民银行行徽标准制图法(1)

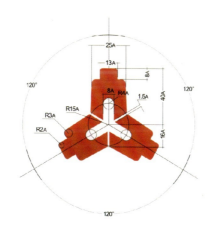

图 4-147　中国人民银行行徽标准制图法(2)

(二)标志图形的标准型与修正型

标志图形一旦被确定,其使用范围非常广泛,大到户外招牌、建筑外观、霓虹灯标识,小到名片、明信片、文化用品及领带的领夹等精细物。比例悬殊,差距很大,因此在应用前需对其进行标准型和修正型的规范标注,以保证放大与缩小使用时其形象统一逼真,清晰可辨。

标准型主要是在常规情况下使用时的参照依据,一般认为线性尺度在 2 厘米以上时均可使用。

修正型主要是为在线性尺度小于 2 厘米情况下使用而提供的参照依据,其目的是对缩小后的图形细节和空白部分进行简化处理和扩充处理,以保证形象的准确完整和视觉效果的一致性。见图 4-148、图 4-149。

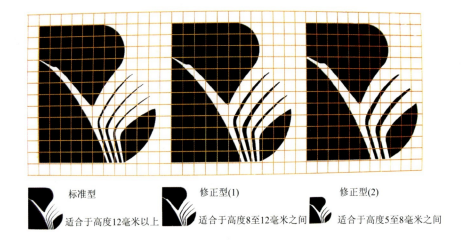

图 4-148　标志标准型修正范例

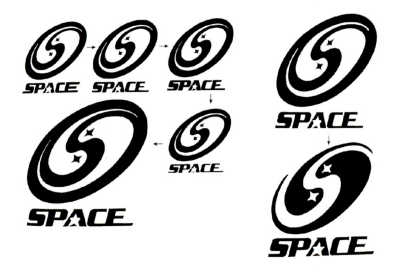

图 4-149　太空食品有限公司标志修正过程

（三）标志的变体设计

由于标志使用的广泛性和采用不同印刷技术与材料制作多样性的因素，往往会影响到标志形象的使用效果和完整性，所以需要对其进行相应的变体处理，以确保在不同环境中使用的灵活性和一致性。

标志变体的原则是只能在保持标志形象基本形状不变的情况下对其进行大小和正负形及线形的处理。见图 4-150 至图 4-153。

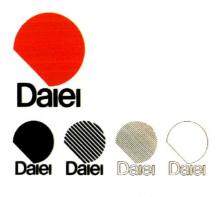

图 4-150　Daiei 大荣百货

图 4-151　田野自动车

图 4-152　IBM 公司

图 4-153　北京理想创意艺术设计有限公司

（四）标志形象与其他要素的组合应用

标志作为视觉识别中的主体部分，通常是在和其他要素相互配合时才能发挥出整体的传达作用。也只有组合应用才能显示出 CI 形象战略的强大优势。在实际设计工作中，根据应用需要，其组合有多种方式和规范，归纳举例示于图 4-154 至图 4-162。

图 4-154　TCL 显示器标志组合应用

图 4-155　诚创科技公司标志组合应用

图 4-156　儿童食品标志组合应用

图 4-157　中国联通标志组合应用

图 4-158　美津浓公司标志组合应用

图 4-159　唐山啤酒集团公司标志组合应用

图 4-160　小天鹅标志与企业标语组合应用

图 4-161　中国银行标志与名称组合(1)　　图 4-162　中国银行标志与名称组合(2)

（五）标志的违例禁忌规范

作为一种规范,既要有正面的允许性规范,同时还要有反面的禁忌性规范。正面规范明确告诉人们如何执行标准,做到何种程度才符合规范,它具有约束和激励作用;反面规范则向人们发出明确告诫,哪些操作不合标准,哪些应用属于违例行为等,它具有警告和预防的作用。制定正、反面规范的目的就是从根本上维护和保证企业形象在应用中的统一标准化,避免违规使用和管理上的混乱,防止类似现象发生,维护企业的合法身份与利益。图 4-163 和图 4-164 给出了中国银行标志与名称违例组合的范例。

图 4-163　中国银行标志与名称违例组合(1)　　图 4-164　中国银行标志与名称违例组合(2)

第二节 标准字——特定的企业形貌

标准字是企业名称或品牌名称经过精心设计所形成的固定不变的一种专用字体,与标志一样是企业形象的重要组成部分,是标识系统的有效补充和再现,同样也是一个企业外在形貌与内在特质的物化。注册后的标准字受到商标法的保护。标准字能给人们品格的依赖,它能够与标志合二为一构成完整的企业形象,有的标准字本身就是企业形象,如日本的"松下电器"标志(图4-165)、中国深圳创维集团标志(图4-166)就是将标准字与标志合成一个整体。

图 4-165　日本松下电器标志

图 4-166　深圳创维集团标志

一、走出标准字的设计误区

标准字作为企业统一形象的重要组成部分是有明确、特殊的要求的。字体应彰显个性特征,字距、行距等比例关系以及组合编排方式都应是独立的不同于其他企业标准字形貌特征的专用字体。也不同于一般印刷字体的普通文字形式。而是建立在求异求变基础上的一种对文字进行新的开发和创造的标准字体符号。并非随意拿来套用的现成字体。"标准字"≠指定印刷字体。

所以，CI设计对标准字的原则是："除特殊情况外，CI的企业标准字，不得使用现成的印刷字体，而应以创意而创'异'，设计足够特殊且能有效体现企业性质特征的专用字体。"

二、标准字设计贵在创新

标准字设计和标志设计同属一种艺术创造活动，所不同的是标志可以在没有任何固有模式的广阔空间自由地想象发挥，而标准字则是在原有文字特征约束条件下进行的再创造。首先要求在尊重文字基本笔画和结构特征的基础上，根据企业精神内涵和文字的适应性，运用丰富的想象力，灵活地重新组织字形，在艺术形式上做较大的创意变化，使之达到加强文字的精神含义和传达出该企业的精神风貌的目的。创造字体变化的实质是追求个性，敢于打破文字原有的规范和均衡的定式，突出特征，避免雷同，赋予新意。区别于通常的排列和书写形式，完全形成自己企业特有的字体形式。

三、标准字的涵盖范围

（一）企业名称标准字

将企业、公司的全名称或简称经过特别设计，使字体构成显著的视觉特征。详见图4-167至图4-175。

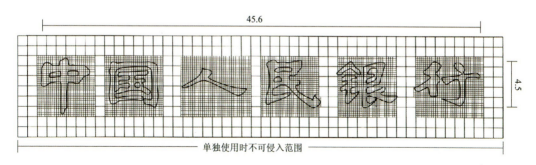

图4-167　中国人民银行标准字体制图

中国人民银行

中国人民银行

图 4-168　中国人民银行标准字体

图 4-169　中国联通标准字体

中国民间传统

图 4-170　中国民间传统活动标准字体

图 4-171　福乐家具有限公司标准字体

第四章　企业形象识别系统建立与塑造

深圳安科高技術有限公司

北京科健通用電氣公司

珠海科健實業有限公司　　深圳凱士高科技公司

深圳科意新技術有限公司　　深圳科健磬電投資發展有限公司

图 4-172　科健集团标准字体

星岛广场
星岛商佈城
空中体育中心

图 4-173　河北星岛广场标准字体

湖南白沙煙草集團有限公司

图 4-174　湖南白沙烟草集团公司标准字体

图 4-175　西藏吉祥旅行社标准字体

（二）品牌名称标准字

企业的产品在进入市场后，首先通过品牌的名称传递信息，它是大众消费者认识企业形象的第一视窗。注册的品牌名也同样属于标准字的设计范畴，以形成企业名称和品牌名称相统一的富有鲜明个性形象的标准字，共同打造企业整体形象，如图 4-176 至图 4-186 所示。

图 4-176　联通新时空品牌标准字体

图 4-177　香巴拉品牌标准字体

图 4-178　颐和家园品牌标准字体

图 4-179　鹏力酒楼品牌标准字体

图 4-180　福乐床垫品牌标准字体

图 4-181　品牌名称标准字体（1）

图 4-182　品牌名称标准字体（2）

图 4-183　品牌名称标准字体（3）

图 4-184　品牌名称标准字体（4）

图 4-185　品牌名称标准字体(5)

水雲間

浪漫亭

城市少女

图 4-186　品牌名称标准字体(6)

（三）标准字的正稿与修正稿

图 4-187 和图 4-188 所示为标准字的正稿与修正稿的一组范例。

图 4-187　标准字体修正范例

图 4-188　科健集团标准字型与修正型

第三节　标准色——企业的象征

标准色，即为企业或某个机构经过特别设定的专用规范用色。一经注册认定，它和标志、标准字体同样也受到法律保护而不可侵犯。为此，柯达公司的黄与红、富士公司的红与绿，均是同行业其他企业不能再使用的专用色。

相对于标志、标准字这两大形象要素而言，色彩是纯抽象语言，它和音乐的音符一样，不受国界、种族、民族和语言的影响，是被普遍接受的一种世界性语言，它在视觉信息传递中的速度最快。这是因为人眼睁开的瞬间，对外界信息的感应实际上就是对不同色彩的感受，它的传播面最广，只要有光的地方就必然有色彩的存在。

企业标准色就是用色彩来表达该企业的特征，以色彩来创造该企业鲜明的个性，从而建立超然卓越的企业形象。当人们看到这种特定的色彩时就会自然而然地和企业的标志、标准字体联系在一起，更有效地传达企业的经营概念，使大众对企业和品牌产生更深刻的印象。下面让我们从专业角度进行图例分析。

美国柯达公司的市场战略重点是：站稳欧美市场，挺进亚洲市场，拓展世界市场。该公司的企业识别系统除了标志和字体很有特色外，还在色彩上做了特殊的设计，以加强公众对品牌形象的印象。选择了大块黄色和较小的红色色带，构成了标准色彩组合。以黄色象征柯达公司推陈出新、开拓进取的发展战略和行为方式；以红色象征该公司领先世界、独冠群芳的企业素质和营销前景；以红黄强烈反差的对比色彩，塑造、渲染、传播柯达公司及其产品再创辉煌的审美识别形象（见图 4-189）。

日本富士公司的市场战略重点是：站稳亚洲市场，挺进欧洲市场，拓展世界市场。它在企业识别系统中选择了大块绿色和小块红色色带，构成标准色组合。以绿色象征富士扬长避短、高歌猛进的发展战略和行为方式；以红色象征富士公司设计超前、后来居上的企业素质和营销前景；以红、绿色构成生机盎然的对比，从而塑造、渲染、传播富士公司及其产品青出于蓝胜于蓝的审美识别形象（见图 4-190）。

图 4-189　柯达公司标准色

图 4-190　富士公司标准色

1984年第23届奥运会在美国洛杉矶举行,富士公司以巨额赞助击败柯达公司而获得其品牌及其产品在本届奥运会期间的独家专用权和销售权,无论是运动场内外还是电视屏幕上,到处都可看到大红鲜绿的富士公司企业识别标识和色彩。富士公司从此走向世界,其产品的全球市场占有率由原来的15%上升到25%。

这是两个在企业标准色、标志、标准字体的结合方面运用比较成功的典型例子。

一、企业标准色的类别

(一)单一标准色

单一标准色就是选择一种色彩作为该企业的标准色。它简洁明确,一目了然,便于识别和记忆。例如,可口可乐、味全食品的红色,美能达的蓝色,佐丹奴的粉绿,鳄鱼服装的墨绿等。

图4-191至图4-194所示是一组单一标准色的设计实例。

上海专业电影院星级标志

天益堂药房

中国婚姻家庭建设协会

图4-191 单一标准色(1)

湖北日报

武汉城市合作银行

"日晶"标志

图4-192 单一标准色(2)

图 4-193　单一标准色(3)

图 4-194　单一标准色(4)

(二) 二元标准色

二元标准色就是选择两种对比强烈、和谐的色彩作为标准用色。它对比分明、强烈醒目,容易引进强烈的视觉冲击力,从而能够增强企业形象的感召力。例如,百事可乐的红和蓝、麦当劳的红和黄等。

图 4-195 至图 4-197 所示是一组二元标准色的设计范例。

中华人民共和国澳门特别行政区区旗区徽

图 4-195　二元标准色(1)

第四章 企业形象识别系统建立与塑造

正荣堂美术印刷会社

无锡水秀宾馆

联合国第四次世界妇女大会

中国南山开发股份有限公司

播道医院

真正老陆稿荐标志

图 4-196　二元标准色(2)　　　　　图 4-197　二元标准色(3)

（三）多元标准色

多元标准色是指将三种或三种以上的颜色组合成企业的标准色。其特点是色彩效果丰富，表达充分。如图 4-198 至图 4-203 所示。

1997年中国台湾省高雄县
国际舞蹈节标志

迪斯科舞厅标志

浙江港澳(建筑家具)集团公司

名都企划

联合国第四次世界
妇女大会纪念币

图 4-198　多元标准色(1)　　　　　图 4-199　多元标准色(2)

96国际航空航天博览会

迪普景观艺术公司标志

图 4-200　多元标准色(3)　　　　图 4-201　多元标准色(4)

图 4-202　多元标准色(5)　　　　图 4-203　多元标准色(6)

多元组合的标准色,应在色彩的面积比例上合理安排,避免出现企业色彩特征不清晰和零乱的负面效果。

二、标准色设计原则

标准色的设计并非单纯的视觉任意行为,首先必须和企业整体形象及企业经营理念相一致,充分体现企业文化的精神内涵。以能够象征企业的事业发展和创造辉煌未来为切入点,着力打造出有别于其他企业的崭新色彩形貌。二是标准色的设定应考虑不同受众的心理感受,符合大多数人的审美心理。三是标准色的设定要充分考虑色彩的自身特征和象征意义,能够激发受众对色彩的想象,表达出企业美好的愿望。

标准色一经确定,必须对其进行含量比例的明确标注,以利于规范化调色与印刷,避免出现使用时的误差。

中国邮政标志采用绿色作为专用颜色,象征着和平、青春、茂盛和繁荣,给人以祥和、平安、温馨的心理感受。标志采用"中"字与邮政网络的形象互相结合变化而成,并在其中融入了翅膀的造型,使人联想起"鸿雁传书"这一中国古代对于信息传递的形象比喻,表达了服务于千家万户的企业宗旨,以及快捷、准确、安全、无处不达的企业形象。标志造型朴实有力,以横直与竖斜的平行线为主构成,代表秩序与四通八达;稍微向右倾斜的处理,表现了方向与速度感(见图4-204)。

英国555公司以深邃的蓝(夜空)和明净的黄(月亮),向世界展示出非常明晰可辨的标准色,555如同明月般的耀眼,镶嵌在蔚蓝色的夜空中,显得璀璨夺目(图4-205)。

 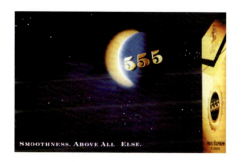

图 4-204　中国邮政标准色　　　　　　图 4-205　555牌香烟标准色

深圳科健集团,是生产医疗电子设备的现代高科技公司,其标准色的主色选择了象征科技的蓝色,代表企业严谨稳健的工作作风(见图4-206)。另外还设计了一套银灰色作为辅助用色,以此来体现产品质量的精工细致,以及产品的主要原料——银灰本色的金属。

新飞电器公司的企业标准色为蓝、绿两色,蓝色代表天空、理想、大鹏展翅的意念,绿色则代表大地,与蓝天形成天地统一,该企业建有中国最大的、设备最先进的"绿色冰箱"(无氟的环保冰箱)生产线,绿色又象征着"绿色事业"——环保事业(见图4-207)。

图 4-206　科健集团标准色　　　　　　图 4-207　新飞电器公司标准色

可口可乐的红色,象征着"欢快、美好的生活"(见图4-208);而麦当劳的红与黄呈现在儿童心目中的则是一幅甜美欢快如节日的印象(见图4-209)。同样,飞利浦的天蓝色、LG的红紫色、汉莎公司的中黄色、中国邮政的绿色,都成为受众心目中经典的企业标准色彩而留下深刻印象,不再一一列举。

图4-208　可口可乐标准色

图4-209　麦当劳公司标准色

第四节　吉祥物——企业形象的代言人

吉祥物也俗称"企业吉祥图案",是CI基本要素中最直观、最生动、最有趣、最可爱的企业造型符号。它体现着企业的特质、个性或服务特点,较相对抽象的企业标志而言,具有夸张、活泼、风趣、幽默的特点,更能增强对消费者的亲和力,提高公众对企业或商品的信任感和美誉度,所以被誉为企业或产品的"形象大使"与"代言人"。

一、吉祥图形的意义与作用

吉祥图形是人类历史上最古老、最奇特的文化现象,是人类早期图腾崇拜与自然崇拜的产物。由于它蕴涵着趋吉避邪、祈求平安、寓意祥福的理想色彩,所以远古时期的人类便借助这种具有神灵功效的图形作为其社会组织的标志与象征。比如龙的形象,就是自然生物形态与理想形态的完美结合形式,它寄托着人们祈求风调雨顺、五谷丰登、六畜兴旺、福寿平安的美好理想与心愿;随着历史的变迁,它的内涵也被赋予了新的时代精神,"龙腾虎跃""龙马精神"象征着伟大祖国和人民与时俱进、锐意改革、奋发有为,努力建设小康社会,不断开创美好未来的坚强斗志与决心。在龙的形象中,充分表达了华夏民族对自然万物的深刻理解与认识反映的一种民族精神,所以,它是中华民族的标志与象征。

吉祥图形之所以历千年不衰而被人们承传,源于它根植于民众普遍的图腾观念与审美心理需求。这些形象大都采用含有吉祥寓意的人物、动物、植物、器物等形象,通过借喻、双关、象征及谐音等表现手法创造的美术形式,注入了祥和、喜庆、欢乐、美好之意,它符合人们共同的审美理想和情感需求,是鼓舞和激励人们不断奋进拼搏,促进社会经济发展的重要精神支柱,自然成为人们心目中美的对象和理想化身而备受崇拜并被广泛应用于各种社会生活之中。

从麦当劳公司的"麦当劳叔叔"(见图 4-210)、日本卡西欧公司的"阿童木"(见图 4-211)、北京亚运会的熊猫"盼盼"(见图 4-212)、汉城奥运会的"小老虎"(见图 4-213)、1999 年昆明世界园艺博览会的滇金丝猴"灵灵"(见图 4-214)、2015 年春节吉祥物"阳阳"(见图 4-215)、2016 年春节吉祥物"康康"(见图 4-216)、中国第 9 届运动会的吉祥物醒狮"威威"(见图 4-217)、辽宁盼盼集团的吉祥物熊猫"盼盼"(见图 4-218)、北京奥运会的吉祥物"福娃"(见图 4-219)、常州花博会的吉祥物"和和"和"美美"(见图 4-220)等,它们跨越时空与国界,冲破语言障碍与肤色局限,架起了沟通全球文化交流的彩虹,成为传播文化、增进友谊、扩大影响、促进贸易的形象大使。在带给人们欢乐喜庆的同时,也创造了良好的社会效益和丰厚的经济价值。见图 4-231 至图 4-236。

图 4-210　麦当劳快餐店吉祥物

图 4-211　日本卡西欧的"阿童木"

图 4-212　北京亚运会吉祥物熊猫"盼盼"

图 4-213　汉城奥运会吉祥物"小老虎"

图 4-214　昆明世界园艺博览会吉祥物滇金丝猴"灵灵"

图 4-215　2015 年春节吉祥物"阳阳"

图 4-216　2016 年春节吉祥物"康康"

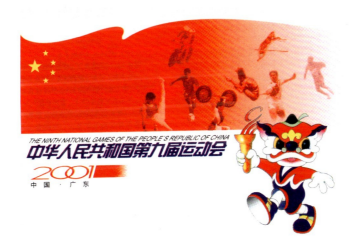

图 4-217　中国第九届运动会吉祥物醒狮"威威"

图 4-218　辽宁盼盼集团吉祥物熊猫"盼盼"

(1)　　　　(2)　　　　(3)　　　　(4)　　　　(5)

图 4-219　2008 年北京奥运会吉祥物福娃

和和　　　　　　美美

图 4-220　常州花博会吉祥物"和和""美美"

二、吉祥物的造型特征

在 CI 设计和应用推广中,企业吉祥物对消费大众的影响力要远远超过其他要素,比标志、标准色更具吸引力和更易深入人心,成为该企业形象最集中的体现,因此,吉祥物的设计要取得好的效果就应具备以下的特性:

(一)表意性

相对于抽象的标志、标准字而言,企业吉祥物是以具象的图形来"图解"企业代表或产品的特征、内容,因此,其形象的塑造应简洁明了、意思清楚、一目了然,没有语言文字的隔阂,使人过目不忘。

2016 年巴西里约奥运会吉祥物由巴西的几种动物组成,其中包含有灵巧的猫、敏捷的猴子以及优雅的鸟儿(见图 4-221),主色调为黄色寓意着激情与活力。主色调为蓝色的里约残奥会吉祥物的设计灵感则来自于巴西热带雨林里的植物,它头顶上长满了代表巴西的绿色树叶,树叶不断生长,克服各种阻碍,最终将绿色撒向人间。表达了将快乐传递给所有公众,特别是孩子们的良好祝愿。详见后文图 4-257。

图 4-222 至图 4-227 所示是一组具有表意性的吉祥物代表作。

图 4-221　2016 年巴西里约奥运会吉祥物（之一）　　图 4-222　中国第六届残运会吉祥物

图 4-223　长虹集团电池宣传吉祥物　　图 4-224　中国第四届城市运动会吉祥物

图 4-225　M-M 食品吉祥物　　图 4-226　KUMHO 轮胎公司吉祥物

图 4-227　大连海通堡酒店吉祥物

(二) 趣味性

幽默、风趣、滑稽、活泼、可爱是吉祥物产生魅力的根本所在。对其形象的创造应突出漫画、卡通和拟人化的特点，体现出强烈的人性化情趣，使其成为企业与社会、企业与消费大众之间进行"情感沟通"的催化剂。

美国迪士尼公司的"米老鼠"和"唐老鸭"这对顽皮的动画形象（见图4-228），将人性化及趣味性表达得淋漓尽致。其造型千姿百态、生动有趣，充满滑稽与智慧，引逗得男女老幼捧腹大笑，具有难以抗拒的征服力。

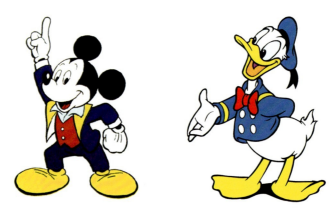

图 4-228　美国迪士尼公司的吉祥物"米老鼠"和"唐老鸭"

图 4-229 至图 4-236 列出了一组趣味性很强、活泼、滑稽、风趣、幽默的吉祥物。

图 4-229　哈尔滨三精制药吉祥物　　　　图 4-230　体育彩票吉祥物

图 4-231　韩国首尔市政府吉祥物

图 4-232　潍坊国际风筝节吉祥物

图 4-233　第 13 届青年女子手球锦标赛吉祥物

图 4-234　东帝士企业吉祥物

图 4-235　日本京都市交通局吉祥物

图 4-236　竹林公园吉祥物

（三）象征性

吉祥物是一种特定的拙中藏巧、朴中显美的艺术形式。通过图案形式，表现人们对求福、喜庆、吉祥的美好愿望。寄托人们对美的向往和对理想的追求。用象征手法表达思想感情，比语言和其他形式更能表达出含蓄、细微和耐人寻味的情趣。比如，我国台湾糖业公司的吉祥物"小红牛"（见图 4-237），以牛力壮耐劳、不畏艰苦、任劳任怨的品质，象征着公司脚踏实地、诚信忠厚的经营之道。给人以朴实、勤恳之感,强化着企业理念及产品特质,优化了企业形象。

图 4-238 至图 4-245 所示是一类具有象征性的吉祥物典型作品。

图 4-237　中国台湾糖业公司吉祥物

图 4-238　内蒙古种子公司吉祥物

图 4-239　日韩足球世界杯赛吉祥物

图 4-240　雀巢公司吉祥物

图 4-241　大连冰山集团吉祥物

图 4-242　大连大学吉祥物

第四章　企业形象识别系统建立与塑造　77

图 4-243　大庆弘深集团吉祥物

图 4-244　中国神话故事吉祥物孙悟空

图 4-245　米兰世博会吉祥物

（四）可塑性

在 CI 设计中，企业标志和标准字属于严格规范化应用的形象符号，自由发挥的余地相对有限。而吉祥物则拥有较大的可塑性。在确定其基本造型后，它的形态、表情、活动情节可根据不同的媒体、场合、环境及运用形式作出各种变化，设计灵活。使其能够最大限度地丰富和提升企业形象。

下面是一组具有可塑性造型特征的吉祥物形象,见图 4-246 至图 4-257。

(1)

(2)

(3)

图 4-246 深圳福利彩票文化周吉祥物形象

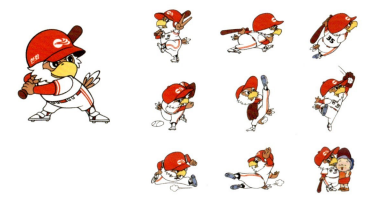

图 4-247　Hanwha Pro 棒球队吉祥物

图 4-248　Shinsegae 酷猫女子篮球队吉祥物

图 4-249　Home Pius 吉祥物

图 4-250　生得力啤酒吉祥物（1）

图 4-251　生得力啤酒吉祥物（2）

图 4-252　浏阳河大酒店吉祥物

第四章　企业形象识别系统建立与塑造

图 4-253　可口可乐促销吉祥物

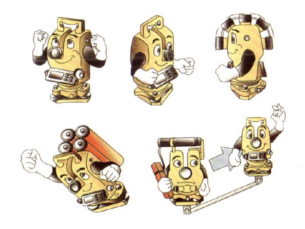

图 4-254　拓普康激光经纬仪产品吉祥物

图 4-255　韩国国民银行吉祥物

图 4-256　上海世博会吉祥物

图 4-257　2016 年巴西里约奥运会及残奥会吉祥物

第五节　辅助图形——企业形象的延伸与补充

辅助图形是为了配合基本要素在各种媒体上的广泛应用，在设计内涵上要体现企业精神，引起衬托和强化企业形象的作用。通过辅助图形的丰富造型，来补充标志符号建立的企业形象，使其意义更完整、更易识别、更具表现的幅度与深度。企业辅助图形是基本视觉要素的拓展和延伸，与标志、标准字既有区别又有内在联系。区别主要表现在它的造型图案在媒体传达中处于配角地位，只起到一种装饰、对比、陪衬的作用。内在联系就是辅助图形始终围绕着主体形象进行，并以其丰富多样的造型和变化，进一步提升企业标志、标准字、标准色这些视觉形象的表现力，使企业形象的内容更加充实，起到强化标志、标准字的视觉冲击力的作用，营造一种主要和次要的节奏韵律感。在和基本要素组合使用时，要有强弱变化的律动感和明确的主次关系，并根据不同媒体的需求作各种展开应用的规划组合设计,以保证企业识别的统一性和规范性,强化整个系统的视觉冲击力,产生出视觉的诱导效果。

一、辅助图形构思方法

企业形象辅助图形的设计构思主要来自两个方面:一是从标志、标准字中延伸和展开,就是以标志、标准字中某个局部设计作为元素,作上下、左右或一定角度方向的重复及渐变展开设计。第二种是相对独立的图形。这种新生的图形,尽管和标志、标准字的形式有所不同,但必须在整体的组织搭配上保持协调,不能破坏整体。无论采用哪种形式,在造型上要注意简洁明快,以几何形中的点、线、面为主,整个象征图形以体现其节奏和韵律的变化为基本特征,从而起到烘托主题的作用。

由于它同标志、标准字有着同样广泛的应用范围,包括名片、信笺、信封、包装、广告、车辆、建筑等,它紧随着标志、标准字出现在各种视觉传播媒体中,因此要求在设计时,应有全面周密的编排组合形式,并在应用中严格按此组合形式规范使用,确保统一化的设计形象。

二、辅助图形创意举例

为了帮助读者学习、理解和掌握辅助图形设计的一般方法,本节列举了一组图例(见图4-258至图4-267),以便读者深入琢磨,细致体会,举一反三。

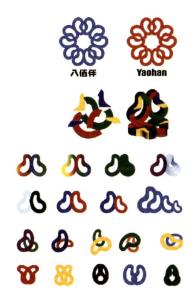

图 4-258　日本企业八佰伴辅助图案

图 4-259　日本幼儿园辅助图形应用

图 4-260　四季花城辅助图形

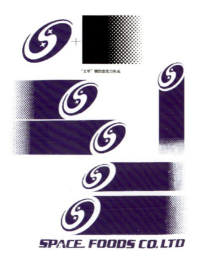

图 4-261　太空食品公司辅助图形

图 4-262　中国联通辅助图形(1)

图 4-263　中国联通辅助图形(2)

图 4-264　中国联通辅助图形应用

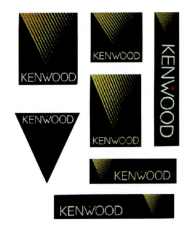

图 4-265　建伍公司辅助图形

图 4-266　建伍公司辅助图形应用

第四章 企业形象识别系统建立与塑造

图 4-267　2008 年北京奥运会火炬辅助图形应用

第五章 企业识别系统设计应用

在企业视觉识别的最基本要素标志、标准字、标准色等被确定后,就要开始进行这些要素的精细化作业和开发等各应用项目,并根据各种不同场合及用途,对这些基本要素实行严格的规范化设计与制作,使其达到统一化的要求。VI各视觉设计要素的组合系统因企业规模、产品内容的差异而有不同的组合形式。最基本的是将企业名称的标准字与标志等组成不同的单元,以适合各种不同的应用项目。当各种视觉设计要素在各应用项目上的组合关系确定后,就应该严格地固定下来,以期达到通过同一性、系统化来加强品牌祈求力的目的。所以我们把这一过程的设计称为基本要素的扩展设计。那么,应用设计要素都包括哪些内容呢?主要有以下几个方面。

第一节 办公系统——形象展示与交流的窗口

在企业众多的视觉传达媒体中,办公用品应用面广、传播效率高,作用的时间比较长久。办公用品具有双重功能,既有公务活动中的实用功能,又具有视觉识别功能,在服务于企业业务往来的同时,也树立了企业形象。

办公用品首先影响的是企业的风格和员工的心理,办公用品规范化的设计和科学管理,能给人以条理、整齐、正规的观感,有利于形成企业优良的工作风格,可以树立广大员工的自尊心和自信心,增强责任感和荣誉感,对员工的精神状态、工作效率都有着潜在的影响。所以也是应用系统中的一个主要方面。

其设计方案应严格规定办公用品形式排列顺序,以标志图形安排、文字格式、色彩套数及所有尺寸参数,形成统一规范的格式,给人一种全新的感受并表现出企业的风格,同时也展现出现代企业文化向各领域渗透传播的趋势。包括信封、信纸、便笺、名片、徽章、工作证、请柬、文件夹、介绍信、账票、备忘录、资料袋、公文表格等。

一、信封、信笺和名片

信封的设计首先应遵循国家邮政法规。对信封的尺寸、重量、署名的表示方法等都应了解清楚,使设计符合规定要求(详见《中华人民共和国国家标准〈信封〉》,GB/T1416—2003)。然后根据列写格式决定标志和其他要素的位置、大小等。目前,较为常用的信封尺寸为22 cm×11 cm,即标准的5号信封,2号信封为11 cm×17.5 cm,7号信封为15.6 cm×22.7 cm。

信封、信笺上的内容一般有以下几项:

(1) 公司标志。

(2) 公司的标准名称及字体。

(3) 公司的象征图形(辅助图形),可视情况决定取舍。

(4) 公司地址、电话号码等。

公司标志与名称的排列应严格按照基本要素设计中的组合规定,不可自行其是,更不可相互矛盾。自己制定的标准自己又违犯,那么这个组合标准就没有任何意义了。公司标志与名称的大小及在版面中所占位置,应本着易读、醒目的原则。

地址、邮政编码等文字在便于阅读的前提下,尽可能设计得小一点,字体的选择应显纤细为好。这些小字除了传递信息之外,还起着均衡画面构图和装饰的作用。如果有些企业具有涉外业务,那么除中文信封外,还应设计外文信封,并遵循一般的国际惯例。

除了这些须传达的信息外,还可根据需要安排一些辅助图形,其目的就是为了加强装饰作用,同时也强化人们的印象。辅助图形的设计,相对地可以自由一些,但它在信封上的位置、大小只能是一种陪衬,不可喧宾夺主,色彩的运用应遵照企业标准色和辅助色规定。

本着统一性原则,信笺的设计在基本组合上同信封保持一致。目前,信笺一般使用的尺寸为A4大小(16开),即21 cm×29.7 cm。还有大量内部使用的便笺纸(32开),在编排上可简单些,或只出现公司标准名称、公司标志,而不需要地址、电话等其他内容。

名片也是办公用品中比较受人重视的设计,虽然面积很小,但它是对外公共关系交流的窗口。名片对文字及图形的编排组合既要求统一完整,又要求有艺术性,常见的名片式样有以下三种类型:

(1) 横式:最常见的一种,显得比较庄重大方。

(2) 竖式:比横式的名片显得多一些变化,比较活泼。

(3) 折叠式:这是一种比较特殊的形式,通常将标志单独编排在一个版面上,显得十分醒目,其他版面则可以编排更多的内容,总体上给人一种比较气派、高贵的感觉。根据使用需要,名片中不一定要同时出现中文和外文,可以考虑中、外文分别设计的方法。

二、各种票据、证券及其他办公用品

在这一类办公用品上,标志和名称字体要位于比较醒目的位置,但所占面积不能太大。如支票、发票、各种报表及文具、茶杯、烟灰缸等。图5-1至图5-13所示是这类办公用品的设计范例。

图 5-1　世界青少年棒球锦标赛办公用品

图 5-2　中盐集团办公用品

图 5-3　2002年丽江雪山音乐节办公用品

图 5-4　中国联通公司办公用品(1)

图 5-5　中国联通公司办公用品(2)

图 5-6　办公用品(1)

图 5-7　办公用品(2)

图 5-8　办公用品(3)

图 5-9　我点品牌办公用品

图 5-10　红旗轿车办公用品

图5-11　星业科技办公用品

图5-12　名片应用(1)　　　　　　　　图5-13　名片应用(2)

第二节　产品、包装系统——沟通与传播的纽带

产品是企业的生命,产品包装起着保护产品、促进销售、传播企业和产品形象的作用,是一种记号化、信息化、商品化流通的企业形象,因而代表着产品生产企业的形象,并象征着商品质量的优劣和价格的高低。所以系统化的包装设计具有强大的推销作用。

成功的包装是最好、最便利的宣传、介绍企业和树立良好企业形象的途径。产品包装系统主要包括：外包装箱、包装盒、包装纸、包装袋、专用包装、容器包装、手提袋、封口胶带、包装贴纸、包装封签、包装用绳等。

图 5-14 至图 5-17 列出了四种产品的包装图案。

图 5-14　TCL 显示器包装

图 5-15　Tupperware 品牌包装

图 5-16　太阳神产品包装

图 5-17　百事可乐产品包装

购物袋可以方便消费者购物，同时也是一种宣传店铺和企业形象很有效的媒介。一般大型商场都设计有自己特有的购物袋，用于宣传自己的企业形象，有的就集中突出标志和标准字体组合；有的则通过辅助图形的展开设计作为装饰，使之与标志协调统一。设计时除了重视表面的美观之外，还应充分考虑到在使用上的实际需求。根据容纳物品的不同重量和大小来设计它的造型和结构，如服装购物袋宜大而薄；食品的购物袋宜短而宽。

一件设计精美漂亮的购物袋能吸引周围很多人的注意,实际上起着一个无声宣传员的作用,默默地传播着企业名称、标志、产品品牌等视觉要素,其实际意义是不容小觑的。详见图 5-18 至图 5-25 所示范例。

图 5-18　接力出版社手提袋

图 5-19　美尔邦森手提袋

图 5-20　四季花城手提袋

图 5-21　小林数码手提袋

图 5-22　第七大街手提袋　　　　　　图 5-23　青湖工业园手提袋

 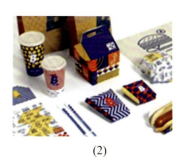

　　　　(1)　　　　　　　　　　(2)

图 5-24　餐饮包装　　　　　　　　图 5-25　天意欧餐饮包装

第三节　服饰系统——形象表达的靓丽风景

　　在整个 CI 活动中，服装的作用是不可忽视的。它主要表现在两个方面，对内可以使员工产生一种企业主人的自豪感和在 CI 活动中的参与意识；对外是宣传企业形象的重要工具，展现出一种崭新的精神面貌，也从中表现出一个企业的整体素质和管理水平。

　　服装设计可分为两种情况：

　　第一种是已经有了现成的服装，那么怎样才能使设计的标志和标准字体贯穿进去呢？主要是在色彩上要和服装协调统一，所以这就要求我们在进行基本要素设计时应在考虑到服装色彩的前提下来确定标准色。也可以设计几套辅助色，在服饰色彩和标准色彩发生冲突的情况下,可用辅助色来弥补,使其达到一种和谐统一。

第二种是新开发设计的企业服装,不过在这种情况下往往会请一些专门的服装设计师进行设计,但作为CI总体策划者和VI设计者一定要共同参与并提出指导性意见,将服装设计纳入到整体的VI设计系统中。服装的色彩不仅要结合不同职业岗位的特点加以区别,而且要统一在所有视觉传达这样一个大的前提之下。不可分开孤立地设计,否则服装设计将和VI系统不能协调一致,容易出现视觉传播混乱的现象。

在服装设计中我们应遵循以下几个原则:

一、识别性原则

服装的特色和个性要能体现企业的风格和特点,要有明显的与其他企业服装不同的识别性。也就是说在服装的造型款式、色彩或者服装配件上能够创造出明显的企业个性。

二、适用性原则

任何一个企业的服装,它的第一个功能是要满足工作和生产需要,其次才是传达信息和审美的需要。因此这就要求服装的设计必须符合企业不同岗位及生产环境的要求。比如,对在高温环境下工作的人员,其服装就不能再搞成暖色调,否则就容易给人在心理上造成闷热烦躁的感觉,所以在设计时不能违背功能上的要求而单纯地追求形式上的美观。

三、视觉统一性原则

员工的服装是企业对内、对外传播企业形象的一个载体。这就要求在体现企业个性、风格的同时,还需和企业标准色彩、辅助图形等其他造型要素在视觉上保持统一的视觉效果,避免出现和这些视觉识别系统不和谐的色彩。

图5-26至图5-35是一组企业服饰设计的范例。

图5-26　2008年北京奥运会礼仪服装

第五章 企业识别系统设计应用

图 5-27 国外空姐服装

图 5-28 四季花城服饰品应用

图 5-29 日本某企业服装应用(1)

图 5-30 日本某企业服装应用(2)

图 5-31 宾馆员工服装

图 5-32　酒店员工服装

服务员　　模特　　吧员

图 5-33　中国联通员工服装

图 5-34　北京奥运会火炬手服装

图 5-35　海信公司员工服装

第四节　车辆、交通系统——流动的形象大使

　　交通工具是一种流动性、公开化的企业形象传播方式,其不断地流动并给人以瞬间的记忆,具有广泛的视觉传播面,也是企业形象的宣传与传播的主要渠道之一。

　　交通运输工具的种类很多,有各种车辆、船舶、飞机等,其中车辆最多,也是最重要的设计项目。那么车辆根据用途可分为运输车、作业车、小型公务用车等。在设计时就要充分考虑车辆的外观形状和尺寸的不同来统筹安排,创造出适应不同车型要求的统一图形。尤其要避免图形(标志和名称)被车门或车窗分割而造成形象不完整的现象。

　　此外,由于车辆具有活动性和造型复杂性的特点,这类设计要求图形要尽可能简洁,色彩明快,不要追求过多的信息。所以一般都以体现标志或标准名称为主,将图形安排在最醒目的视觉位置上,以发挥最大程度的传播效果。

　　图 5-36 至图 5-47 是一组车体和航空公司标识设计的应用实例。

图 5-36　ORICA 公司车体应用

图 5-37　P&O 集团船体应用

图 5-38　P&O 集团车体应用

图 5-39　好司机车体应用

图 5-40　鳗联烤鳗车体应用（1）

图 5-41　鳗联烤鳗车体应用（2）

图 5-42 美尔邦森车体应用

图 5-43 美国 Michael Vanderbyl 公司车体应用

图 5-44 西北航空公司标识应用

第五章　企业识别系统设计应用

图 5-45　中国移动车体应用

图 5-46　太阳神公司车体应用

图 5-47　可口可乐车体应用

第五节　环境系统——无声的形象门脸

企业环境系统设计是企业形象在公共场合的视觉再现,是一种公开化、有特色的群体设计,是标志着企业面貌特征的系统。在设计上借助企业周围的环境,突出和强调企业识别标志,并贯穿于周围环境当中,充分体现企业形象统一的标准化、正规化和企业形象的坚定性,以便使观者在眼花缭乱的都市生活中获得统一性好感。

企业环境系统主要包括:企业外部建筑环境和企业内部建筑环境。

一、企业外部建筑环境

企业外部建筑环境包括:建筑造型、旗帜、门面、招牌、公共标识牌、路标指示牌、广告塔等。

这类设计范例见图 5-48 至图 5-63。

图 5-48　KYOBO 生活保险户外广告

图 5-49　TCL 显示器应用(1)

图 5-50　TCL 显示器应用(2)

图 5-51　集美家居户外广告

图 5-52　仙草店铺环境应用

图 5-53　普利司通品牌环境应用

图 5-54　海澜之家品牌环境应用（1）

图 5-55　海澜之家品牌环境应用（2）

图 5-56　海澜之家品牌环境应用（3）

图 5-57　四季花城环境应用

图 5-58　美的户外广告

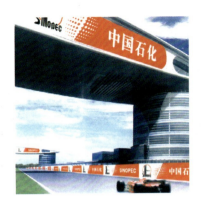 

图 5-59　中国石化(1)　　　　　图 5-60　中国石化(2)

图 5-61　美尔邦森环境应用

图 5-62　浪高国际广场环境应用　　　图 5-63　日本某店铺环境应用

二、企业内部建筑环境

企业内部建筑环境包括：企业的办公室、销售厅、会议室、休息室、厂房内部环境。设计时把企业识别标志贯穿于企业室内环境之中，从源头上塑造、渲染、传播企业识别形象，并充分体现企业形象的统一性（见图 5-64 至图 5-67）。主要包括：企业内部各部门标识、企业形象牌、吊旗、吊牌、POP 广告、货架标牌等。

图 5-64　好司机室内环境应用

图 5-65　华隆漆店铺外观形象

图 5-66　柯达影印店环境应用

图 5-67　帅康空调室内展示形象

由于 VI 设计是一个十分庞大的系统工程,加上各个行业性质的不同,因此在具体应用中也存在着差异。差异性是客观存在的,但是和视觉活动相关联的所有物品都是应用系统共同的使用对象,小到员工的领夹、胸卡、文具用品,大到交通运输工具和楼房外观等都属于应用系统范围。在整个 VI 系统中,其灵魂是企业标志和标准字体,它在所有应用系统中的出现频率最高,无论它使用在什么样的物品上,其中最重要的原则就是要保持高度统一性。

应用设计要素的开发与实施并不都是千篇一律的,实际工作中应根据企业的特点和需要而决定项目的多少。比如有些企业由于产品丰富、业务量大,知名度高,那么它的宣传范围就比较广泛。而一些小型企业,由于自身性质所影响,其业务范围有一定的局限,所以它的应用范围就会少一些。但是无论企业大小,就一般情况而言,应用设计要素大致都包括办公系统、产品系统、环境系统、运输系统、制服系统等。

第六节　网络媒体——企业形象认知的快速通道

一、企业形象媒体推广的含义

网络媒体推广就是将企业形象的各种表现要素,利用网络媒体的直观表达、快速流动、广泛覆盖、音像结合、集中收视、高度关注等效应,从而使企业形象达到有效建立、快速形成、广泛传播和整体推广的目的。网络媒体推广是企业形象塑造和品牌传播的有效途径之一，它可使企业形象的各种信息快速地在市场与需求群体中传播扩散，能够通过广告所带来的信息直通效应，在市场中快速建立品牌认知及企业形象概念，能够清晰地建立消费者所需要的消费直达路线，实现并加速各种消费行为，从而给企业带来广泛的市场与丰厚的利润回报。

在对企业形象进行媒体推广的过程中，由于网络媒体有很大的信息承载能力，公众关注度很高，有非常大的地域覆盖，有着快速的信息流动和信息互换，有着便捷与灵活的获取方式。所以，无论是企业还是个人，只要将欲告知和传达的信息放置于网络媒体中，就会使信息快速扩散及广泛传播。可见应用网络媒体来推广企业形象、传递企业信息是非常具有实效性的。

图 5-68 至图 5-70 所示是三则网络媒体推广广告的应用实例。

图 5-68　当当优品 16 周年店庆系列广告（1）

图 5-69　当当优品 16 周年店庆系列广告（2）

图 5-70 美的品牌网络广告应用

二、企业形象网络媒体推广的主要形态

网络媒体形态主要是指影视、声类动态广告形态,这类广告影像与声效结合,既能观其像,又能闻其声,广告内容生动,广告画面有震撼力,能够引起较高的社会关注度及市场影响力,所以利用网络媒体的动态广告极易诱发人们的视觉、听觉及心理感应,使大众认识与接受一个企业并形成对企业诸多层面的认知。它能够使接收者在一种无主观发现意识的状态下,轻松自然地接收到企业形象信息,并使信息随着某种艺术形式与作品的扩展而不断地渗入到市场与消费者的心智中,由此实现一种形象与品牌的推广。

网络媒体广告最大的优势就在于可以将图像、动态、声音完美地有机结合。音像形象广告,如南方黑芝麻糊的系列形象广告;音乐企业形象广告,如五粮液音乐广告及广告歌曲——《爱到春潮滚滚来》;动漫形象广告,如日本卡西欧的形象广告等。这种网络广告的表现形式、设计方法也更为丰富。由于展示效果活泼有趣,所以,通过网络媒体传播的广告普遍受到大众的接受。

Aflac 品牌标志设计是一个特别的案例(见图 5-71)。美国家庭人寿保险公司最初做了十多年的广告,但是几乎没有多少人记住这家公司。有一次创意人员通过网络媒体广告大声念出公司名称"Aflac",听起来就像鸭子叫,他们大胆地把鸭子的"呱呱"声引入到创意中。这个在一般人看来疯狂、幼稚、不合传统的广告,居然取得了巨大的成功。在广告播出的 6 天之内,网站的访问量比前一年的总数还多,同时也带动了销售额的增长。不仅如此,这只鸭子居然成了流行形象,在人们不经意地模仿出"呱呱"声时,相当于在为"Aflac"公司做免费广告。公司让这只长着明黄色嘴巴、穿着蓝色上衣的白色鸭子出现在电视广告、平面广告、慈善活动中,甚至把这只鸭子做成了品牌形象。如图 5-72 所示。

图 5-71　Aflac 品牌网络广告应用(1)

图 5-72　Aflac 品牌网络广告应用(2)

新兴的媒体拓展了企业形象设计的渠道和方式,也随之产生了针对其传播特质的新的品牌建设原则。我们不难看出,在企业形象设计中二维世界一统天下的局面已经成为历史,企业形象在网络中必然以网络所能提供的特有的形式传播,将动画、声音、形象、文字等统一于一体,并不断地开拓三维、四维甚至多维的设计空间、传播空间。如图 5-73 所示。

(1) (2) (3) (4) (5) (6)

图 5-73 网站标志(1—6)

（一）电子邮件直邮

企业通过电子邮件进行网络直邮的品牌创意方式是过去的纸质直邮方法的延伸，但电子邮件较之纸质直邮有更多的优势。个性化定制、精准营销使得企业在维护客户关系上的成本大大降低。选择电子直邮的更多是一些大企业，像微软、GROUPON 等公司的邮件营销做得都很成功（见图 5-74）。

（二）企业门户网站

企业门户网站是企业在网络上的虚拟地址，它作为企业信息汇总的窗口，能够非常集中和系统地介绍企业的相关信息，它几乎是全新的企业形象设计形式。

在互联网上，企业和受众都是参与者。对许多企业而言，门户网站是企业和消费者之间的沟通中介。网络的双向沟通性使得门户网站拥有很强的互动性。它可以随时更新，并且在服务器允许的情况下，能够容纳数以万计的访问者同时访问不同的模

图 5-74　电子邮件直邮

块和内容。

　　例如：在可口可乐公司的主页面内，动画技术制作的可乐气泡上上下下的升腾，这不仅是动感化设计的体现，让你从网页访问中"体味"出可乐的清凉，也是情感化设计的体现（见图 5-75、图 5-76）。

图 5-75　可口可乐公司中国网站(1—2)

图 5-76　可口可乐公司中国网站(3—4)

在网络媒介中，用户不仅可以自定浏览时间、自选信息，还可以主动把购买意愿进行及时的表达。这不同于传统媒介单向度的"广播"，网络媒介成为针对个人的"窄播"，广告信息的有效传递大大高于传统媒介。因此企业网站的网页外观设计更应充分考虑用户个体的喜好。为满足不同个体的需求，有些网站设计了自定义网页外观功能，如由深圳腾讯公司推出的网上中文 ICQ 服务"QQ"，用户可以自己管理 QQ 界面和更换"皮肤"，设置自己喜欢的、个性化的网页面貌。当然网页的总体风格和层次结构还是保持统一，即符合 IVI 系统的规定。

不仅如此，企业还可以利用互联网更好地掌握其他竞争者的情况，根据他们的信息及时调整相关的营销策略和宣传重点。

（三）网络 Flash 动态广告

Flash 广告与传统的电视媒体广告和海报非常相似，与电视广告的不同是它有即时互动性；与纸制广告的不同是它可以是动态的，并且可以包含声音信息。

好的 Flash 广告需要能在纷繁的信息世界中，吸引浏览者的眼球，因此 Flash 广告往往比其他形式的广告有更强的视觉冲击力。除此之外，与其他媒体形式的广告相比，Flash 广告还具有制作成本低廉的优点。Flash 广告由 Flash 制作软件制作，许多时候只要用一台计算机即可完成。不仅如此,它由于效果好和体积小,除了可以在互联网上进行传播,还可以在电梯、手机等载体上进行发布、传播。

图 5-77 所示为中国石化奥运宣传 Flash 广告。

图 5-77　中国石化奥运宣传 Flash 广告

许多知名企业在产品宣传和推广时运用的视觉语言开始向动态和三维的方向延展。例如,互联网上最著名的搜索引擎 Google 的标志,它会随着搜索页数的变化而增加中间的"O"。不仅如此,如果仔细观察,你还会发现,Google 网站首页的"Google"的标志图案也是随着时间的变化而变化的。奥运会期间,它是一个个不同的运动项目的场景,而节日期间,它又是与节日内容相应的图案。设计师设计了前所未有的可以带来视听震撼的标志,这种生动活泼的标志,更有表现力和说服力,同时也更加有效地将企业精神传递给大众,如图 5-78 所示。

(四) 网络互动论坛

企业可以在网上建立一个官方的互动论坛,这个论坛可以在企业的官方网站下,也可以属于知名的大型门户网站。无论是用哪一种方式,互动论坛的人气是决定其影响大小的最主要因素。

2013 年 11 月,中国最大网络汽车互动社区——腾讯汽车"S 联盟"正式开通,它主要通过 BBS、微博、QQ 群、微信、QQ 空间等多平台互联互通来实现五方联动。旨在借助多平台的互联互通性,把更多陌生的汽车爱好者联系在一起,构建出一种全新的沟通互动模式,让每一个置身"S 联盟"的人都成为"S 联盟"自己的主人。这就意味着腾讯将开始全面提升汽车互动社区服务,带给车友与众不同的分享互动交流体验(见图 5-79)。

图 5-78　谷歌东西方节日标志

图 5-79　腾讯车友"S 联盟"

由于网络随时可以更改，所以论坛的互动形式、界面风格、用户管理方式等诸多内容都可以随时更改，这和电视的拍摄、印刷品的制作相比显然方便和灵活得多。论坛可以拉近消费者和企业之间的距离，企业也可以通过论坛来增强亲和力，塑造真正重视消费者感受的形象。

数字技术的发展促进了新的设计风格的形成,并且对设计师提出了更高的要求。独特的数字设计语言导致了视觉传达领域的拓展,并重构了视觉传达的设计语言。像近年来比较流行的像素风格的设计、电脑波普风格的设计以及新唯美(新装饰)主义的设计,这些风格也都逐渐地渗透到企业形象设计当中,其共同的特点是:它们的媒介是基于计算机技术的,并且在视觉感受上呈现出很强的图形符号化,具有新生代的特色。

以标志为例,AT&T(美国电话电报公司)被 SBC(西南贝尔)公司收购后,标识从平面到立体的转变,从表现形式上显示了具有数字化特点的形象与传统企业形象的不同。我们可以看到近年来许多国际知名企业在宣传和推广时都会使用一个动态的标志延展。设计师设计了前所未有的可以带来视听震撼的标志,这种生动活泼的标志,更有表现力和说服力,同时也更加有效地将企业的精神传递给大众。只要技术可以实现,在未来声音、气味、质感(触觉)都有可能成为一种标志性的识别,运用到企业形象设计当中,使人的各种感官感受得到回归,而不仅仅只靠视觉来识别。

在设计界引起强烈的反响的 2000 年汉诺威世博会标志(见图 5-80、图 5-81)。这个被誉为"会呼吸的标志",其外形和色彩可以根据不同的应用需要而形成多达 456 种变化样式,在整体情况不变的情况下展示给人们的是一种难以捕捉的、充满了灵气、未知和不确定性的动态延展的视觉效果。

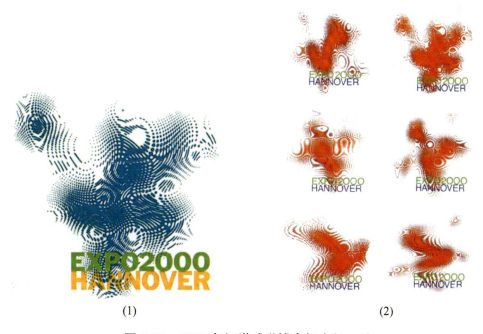

(1)　　　　　　　　　　　　(2)

图 5-80　2000 年汉诺威世博会标志(1—2)

由著名设计师组成的国际评审组织在评价中指出,这个外观看似生物结构的造型是标志设计领域技术运用手段变化的重要标志。它让我们惊讶、激动、继而赞叹。这一设计理念给人们提供了一个全新的视角去欣赏标志,换句话说,赋予了标志又一全新的生命。

(3)   (4)

图 5-81　2000 年汉诺威世博会标志(3—4)

三、企业形象网络媒体推广的主要手段

企业根据自己的发展和形象提升等方面的综合需要,可选择并利用对企业声誉有推广和促进作用的各种有效方式,精心策划并开展一些公关活动。将企业形象融入活动之中,完整准确地表达企业的 CIS 系统及各种形象信息,使市场群体在较短的时间里认知企业、了解品牌,从而树立起完美的企业形象。

比如,以企业的名义主办或承办某一项具体的公关活动,中央电视台每两年一度的洋河蓝色经典"天之蓝"杯全国青年歌手电视大奖赛,是由江苏洋河酒厂股份有限公司承办的,它已成为最具人气的歌唱家的摇篮、音乐家的盛宴。无论是广告内容还是企业整体形象的宣传都通过网络这一特殊媒体,伴随着优美的歌声传播到四面八方,并且进入千家万户、深入人心(见图 5-82)。

在一些重要活动中,以企业名义进行独家赞助、独家播报等也是企业形象网络媒体推广的手段之一。例如,北京电视台的"养生堂"节目是由健力多悦康药业集团独家冠名播出,健力多关注人体健康,关注养生堂,体现出呵护健康、大爱无疆的良好企业形象(见图 5-83)。

11月11日是中国最近几年流行的"光棍节",在当下,中国"光棍节"已经彻底变成网上购物狂欢节。自 2009 年起阿里巴巴旗下网站淘宝开始推出折扣购物活动后,其他

图 5-82　蓝色经典"天之蓝"杯全国青年歌手电视大奖赛

图 5-83　健力多悦康药业集团独家冠名的"养生堂"节目

各路商家,包括京东商城、唯品会等纷纷加入到网上"购物狂欢节"。2014 年 11 月 11 日,阿里巴巴在 24 小时内获 571 亿元人民币的网上交易额,创下有史以来最高纪录。2015 年 11 月 11 日,阿里巴巴平台交易额全天成交量达到 912 亿元人民币,同比增长 59.7%。2016 年 11 月 11 日,当日网上交易额突破了 1207 亿元人民币,同比增长 32%,再创历史辉煌。

图 5-84 是 2015 年"双 11"天猫网购狂欢节标志,图 5-85 是 2016 年"双 11"天猫网购狂欢节标志,图 5-86 所示是阿里巴巴集团企业形象标志。

由于企业参与或策划的这些活动覆盖面广、影响力大,将企业的形象要素巧妙地与活动内容有机地结合在一起,使其成为一个全面宣传和推广企业形象的有效平台,可以极大地提高企业形象在社会大众中的地位和美誉度。阿里巴巴集团在网络平台的成功实践证明,现代网络技术的普及应用,不但为社会大众提供了更加便捷的消费生活方式,而且也成为企业施展营销策略,赢得更大市场和商机的大舞台。

图 5-84　2015 年"双 11"天猫网购狂欢节标志

图 5-85　2016 年"双 11"天猫网购狂欢节标志

图 5-86　阿里巴巴集团企业形象标志

第六章 企业识别系统手册

作为企业的无形资产和知识财富的视觉设计系统完成之后,就可将这一统一化的设计系统归纳成《CI 系统规范手册》,其目的是在于保证企业形象传达的系统性、标准化。图 6-1 所示为彩虹集团公司《CI 视觉设计系统手册》。手册将所有要素收录其中并详细规定标准化的使用方法,具体可分为基本系统和应用系统两大部分。另外,根据企业的性质、规模不同,手册的体裁、制作方式也可进行具体调整。通常手册包括以下几方面的内容:

图 6-1　彩虹集团公司 CI 手册

第一节　CI 手册的构成类型

CI 手册的构成类型和具体内容要根据不同企业的实际情况和服务功能来决定手册所涵盖范围的大小,它和企业的义务、性质、服务对象、环境特征都有密切的关系。

一、CI 手册所包含的基本内容

(1) 手册基本概况说明。对 CI 手册的总体框架、基本设计理念、设计系统的构成到管理系统的内容均予以作简明扼要的概述。

（2）基础设计系统的各项规定，主要包括企业标志、专用名称、标准色彩、标准字体、象征图形、吉祥物等基本要素的解说和规范组合、使用的具体说明。

（3）应用设计系统的使用规定，主要包括应用要素的各个设计项目的展开标准和使用设计范例。

（4）应用项目的设计图样和制作规范手册等。

CI手册体系的建立，应根据设计系统的要素和具体项目来分类并进行条例化的合理安排。应该注意的是在每个项目的末尾要留有富裕的分类条目，以备以后的变化和追加设计规定。因为它是动态和变化的，是根据企业的业务范围和用途随时增减的。

二、CI手册的常见类型

（1）根据基本要素和应用要素的不同，可分为两大单元，它适用于经营内容、领域相对单纯的企业，如银行、宾馆、餐饮等。

（2）根据众多的设计要素和应用项目划分为若干分册，每一个分册都详细记载标准规范和制作程序及具体的使用方法。如果有涉外业务或海外设有分支机构的企业，除制作通常使用的手册外还要制作海外版手册，并配以外文文字以方便使用。

这种类型适用于规模比较大和经营内容比较复杂的大型企业，需要以分手册的形式发放到各下属企业，使它们能够按照整体统一的设计范例标准严格执行这一手册。

然而，无论哪种类型的CI手册，对于企业外界的人而言手册所展示的内容都是以宣传为目的。但对于内部而言，CI手册不但作为企业内部实施规范化经营与管理的工具，它还拥有秘密性特征。

第二节　CI手册的内容

CI手册内容主要由以下两部分组成：

一、基本要素设计部分

这部分是贯穿整个设计系统的基本要素。在手册的设计中，必须体现各要素的准确形式以及使用标准，并根据使用目的来规范其变化形式和使用范围。

（一）企业标志

企业标志是整个形象设计系统的核心内容。在手册中，除了首先要将标志图形以准确规范的形式予以展示外，还要对于标志的构思创意予以简洁明了的阐述，以及说明彩色的使用规定及注意事项。另外，企业标志的标准形式还要根据其使用目的的不同，包括在正常使用情况下的图形比例和缩小在一定范围内使用情况下的修正型图形范例，同时还要标注明确的禁忌使用的范例，以便加深理解和管理。

（二）企业色彩

企业色彩是由标准色彩和若干种辅助色彩共同构成企业色彩系统。在手册中以标准色彩为核心，并详细标注适应范围和使用的注意事项。通常情况下，标准色彩和企业标志是通过一体化配合的形式来展示的，而辅助色和标准色的样品说明则采用组合形式予以说明，另外，色彩的应用标示要按照国际统一的标准执行，采用的色系和色标要准确无误。

（三）专用字体

手册中对于标准字体的格式要求、体例形式、文字内容、使用方法、使用范围等都应进行详细的规定。如企业名称、企业简称、广告用语、企业精神等内容，在字体的配置原则、书写格式、变化形式方面予以说明，并配有相应的错误范例以供参考；除标准中文字体外，还要设置英文字母或拼音及数字等专用字体的规范样式，有海外分支机构的企业，要配有当地文字的标准形式和使用规定。

（四）组合规范

标准组合是企业标志与其他设计要素相互组合的一种标准使用格式，它是应用系统具体使用中的重要依据和参照。因此要对各种要素的组合形式、间隔位置、大小配置、表示场所的标准等内容进行严格的规定，并详细说明使用方法和使用目的及范围。通常也采用正确与错误的组合范例方式来加深理解和管理。

基本要素设计手册中还应包括有象征图形、吉祥物等项目的组合应用，并对其使用的范围、变化形式、使用要求等作出统一规定。

二、应用要素设计部分

应用要素的设计是以基本要素的标准形式和组合规范为依据。在手册的设计中，必须体现统一的设计风格和设计标准，对每一个项目的使用应提供使用范例的样品予以直观展示和详细说明，必要时还需要用模型加以准确表达。

（一）办公用品

名片、明信片、各类信封、信笺、账务票据、产品简介等事务用品以及商业表格都应采用统一的设计形式。手册中要对各种不同项目的具体格式、大小尺寸、用纸种类、色彩、字体和标志的位置进行详细规定，并提供应用范例予以展示。

（二）包装用品

由于不同企业生产的各类商品的不同，决定了手册中所展示的包装用品形式各异。应按照商品包装的类型注明材料选择、设计样式、色彩组合、标志位置等具体的标准内容，并提供设计范例及包装成品的图片。

（三）广告、公关

与广告和公关有关的项目，在手册中应当采用对应型设计手法，标明必要的企业标志、字体等内容的签署形式和表示方法。如报纸广告、招贴广告、电视广告、促销活动等所需要的标志位置、格式和传达内容等。

（四）标识、环境和店铺

对于以销售、服务为主要经营内容的企业来说，标识、环境和店铺是企业对外全面展示形象的重要窗口，它们具有很强的识别作用。在手册中，应根据使用对象的多种不同变化和范围设定基本的设计形式和规范内容，然后对各类别的具体项目分别进行特征说明，配置标准样式的图形和范例，并注明规定标准。

（五）运输工具

运输工具系统的设计应充分考虑各种不同的使用对象，提出统一的基本设计形式，然后再根据不同用途、不同运输工具的具体情况，进行符合车体特征的设计内容和规定说明。

在应用要素设计手册中，还有服装系统、展示系统、礼品与赠品系统等项目，其设计方法与以上列举的项目有一定的共同性和互通之处，可以相互参照执行。

三、CI树

CI树是一种将企业形象识别系统整体视觉化的表达方式。具体而言，就是以系统树的结构形式,将基本要素设计内容和应用要素的设计内容进行简洁明了的归纳分类,这种方式对于把握 VI 设计的整体性和理解企业视觉的整体优化概念,具有非常明显的直观指导作用,因而被广泛使用。

CI 树反映的是以基本设计系统中的企业标志、企业色彩、标准名称、标准字体等为主要内容,应用设计系统所反映的是以办公用品、包装、标识、环境、店铺、运输工具、服饰、广告等项目为主要内容。其组合表现形式大多采用平面形式,由基本要素展开诸多应用要素,犹如树的根与树枝、树叶的关系一样,以象征性的手法表达了它们之间的关系,也有的 CI 树的造型是运用立体形式,体现丰富的空间概念。

CI 树作为具有导示作用的形象识别系统的前奏,按照功能一般将其放置在 CI 手册之首,以加深使用者对整体形象的全面理解。CI 树作为直观有效的图解工具,最直接的作用就是被企业用来对内进行统一化管理和对外进行战略形象宣传。

图 6-2、图 6-3、图 6-4 所示分别为中国华电企业识别系统和接力出版社形象识别系统(1,2)。

图 6-2　中国华电企业识别系统

图6-3　接力出版社形象识别系统(1)

图 6-4 接力出版社形象识别系统(2)

第三节　CI 手册的规范制作与使用

我们之所以将形象识别系统以手册的形式呈现,就是为了将众多的基础设计元素和分散的应用设计元素归纳为统一的整体,使它更加集中、系统、规范地反映出本企业的精神风貌,从而形成一个便于查看、利于推广、方便使用、通俗易懂的字典式的实用指导手册。因此,识别系统手册既代表着一种标准和规范,又是一种宣传推广的工具和指南。

作为标准就必须有严格的尺度和使用要求。对基础设计元素的每一个图形大小、位置、形状、色彩及线与面的结合形式都要保证达到标准化、统一化、规范化的制作要求。使形象的尺寸标注准确、色相图示清楚、组合搭配科学、分解步骤明确。应用设计系统能够将基本的企业视觉传达范围涵盖其中,使每一个应用的类型在各种不同物品和环境中对基础设计元素的使用都能做到正确、规范、无误和富有新意。所应用的图示范例具有典型性、针对性、合理性、指导性和推广性特点。

在 CI 手册的制作中应充分发挥和使用计算机技术和软件工具的优势,使制作的水平、质量与效果达到新的高度。

第七章 企业形象识别系统管理

企业形象的塑造与总体战略的实施是一项牵涉面非常广泛的系统工程，并非简单的视觉识别手册所能涵盖和解决的。它只是形象系统中的一部分。但由于它使用范围广，作用力强，影响到企业的众多视觉传播领域。因此，应着眼长远，面向未来，要使企业形象能够长久深入而广泛地影响市场，在消费者心目中树起永久的良好形象，建立和完善形象识别管理规范就是确保这一系统工程顺利实施的根本保证。

因为任何一项形象识别系统从设计到宣传推广都需要经过市场的实践检验，不断得到修正、调整、补充和完善才能形成比较成熟的体系，这不是短期的行为，因此，需要进行长期的市场培育。对识别系统的执行情况进行专门评估、检验、审查、监督，发现问题应随时调整纠正，以确保其运行始终能够按照总体战略确定的目标和实施规范贯彻执行，这就是识别系统管理的职责和工作意义。

由于市场是动态的，需求是多元的，人的审美趋向也是随着时代的发展而不断变化的，作为识别系统管理的机构就应该深入市场全方位地跟踪调查消费者对该形象识别系统的意见，掌握最新的动态和信息，以便对识别系统乃至具体形象作出及时调整。如日本的美津浓公司和意大利蒙特爱迪生公司标志就是在使用过程中对其进行了重新的修改设计，使它更加优美，也更具感召力。

作为企业的一种管理制度，形象识别手册在执行过程中尽管有可供调整和完善的空间，但也应该保持相对持续的稳定性。因为它一旦颁布实施，就代表着一种信誉，同时也具有一定的监管力和不可随意更改性。

因此，对这一系统的管理，应建立一套长效机制。从印刷到用于各类不同物品的使用及档案保存，要做到全方位的监控管理，从制度上维护它的严肃性、权威性，以防止在具体的执行过程中出现疏漏或偏差。这也是建立形象识别系统管理的目的。

第一节 形象识别系统管理的内容

对识别系统的有效管理，是确保它在执行中有序实施的前提。其内容如下：

（1）全面指导本企业的形象战略，按照识别系统的推广计划正确实施执行是管理工作的首要任务。做到措施到位，规范操作，科学指导，监管有力。

（2）对识别系统在各个领域中具体应用的范围、对象、时间、效果、反映进行综合定期监测评估，并将信息分析处理后及时反映给企业决策层，以便随时根据市场的变化做出必要的调整。

（3）继续完善和开发识别设计系统的应用范围、方法、途径等内容，使它始终能够保持新的活力。要在实际使用中得到提炼和升华，尤其要监督在应用系统中使用的正确性与规范性。因为使用不当或错误的信息不但会扰乱视听、有损企业声誉，还会给假冒伪劣以可乘之机。

（4）通过各种有效途径对企业内部开展形象识别的系统教育活动，使形象的内涵和管理理念深入人心，成为凝聚企业员工的纽带。对外借助不同媒体和可利用的环境，全面宣传、展示、推广企业的整体战略。建立广泛的市场形象，以最大限度地扩大企业的社会知名度和提升市场的竞争力。

第二节　形象识别系统管理的方式

形象识别系统因其自身的复杂性和推广应用的广泛性的特征，决定了必须对其进行科学统一的管理，可组成由企业形象设计人员、专职管理人员和市场营销人员共同参加的企划推广工作，共同制订总体的识别系统实施方案，分项应用计划、媒体宣传方式、市场跟踪调查、信息收集处理等综合管理的工作方式。

对于现代企业的经营者来说，塑造良好的企业识别形象是为了建立品牌，创造市场，增加效益。这只是完成形象塑造的一部分，还有一项重要的工作就是如何运用科学的管理方法将企业的形象识别系统全方位、多角度、立体式地推广到社会的各个方面，如果缺乏周密细致的精心策划和有效的监控管理，不但无法达到预期目的，还有可能会前功尽弃且造成不必要的损失。

因此，作为企业不但要重视形象识别的导入，还要强化具体实施过程的管理，只有这样才能实现企业形象整体推广的社会化和经济效益的最大化。

参考文献

[1] 小冈,兰清.现代商标徽记图例[M].北京:北京体育学院出版社,1990.
[2] 毛德宝.标志设计[M].南京:东南大学出版社,2011.
[3] 陈楠.标志设计理念与实践[M].天津:天津人民美术出版社,2001.
[4] 张建辛,荆雷.CI战略的教学与设计[M].石家庄:河北美术出版社,1997.
[5] 林磐耸.CIS:现代企业形象策略[M].北京:中国经济出版社,1994.
[6] 曾宪楷.视觉传达设计[M].北京:北京理工大学出版社,1991.
[7] 周宁.CI企业形象识别设计全书[M].北京:北京广播学院出版社,1995.
[8] 中国包装联合设计委员会.中国设计年鉴[M].北京:九州出版社,2009.
[9] 陈孝铭.企业识别设计与制作[M].台北:久洋出版社,1992.
[10] 席涛.品牌形象设计[M].北京:清华大学出版社,2013.
[11] 张雪.标志设计新趋势[M].重庆:重庆出版社,2000.
[12] 高池.CI:企业形象塑造[M].哈尔滨:黑龙江美术出版社,1992.
[13] 陈皓.VI设计原理[M].北京:北京理工大学出版社,2013.
[14] 吴东.品牌形象设计基础[M].沈阳:辽宁美术出版社,2009.
[15] 刘扬.品牌形象策划设计[M].成都:西南师范大学出版社,2013.
[16] 刘毅.视觉传达中的企业形象设计[M].北京:机械工业出版社,2012.
[17] 林采霖.品牌形象与CIS设计[M].上海:上海交通大学出版社,2012.
[18] 陈静晗,孙立军.影视动画动态造型基础[M].北京:海洋出版社,2007.
[19] Mattesi M D.力量:动画速写与角色设计[M].吴伟,王颖,译.北京:人民邮电出版社,2009.
[20] 李铁.动画场景设计[M].北京:清华大学出版社,2012.
[21] 吴冠英,王筱竹.动画造型设计与动画场景设计[M].北京:清华大学出版社,2009.
[22] 周智娴,章力.电脑游戏运用与开发:动画运动规律篇[M].南京:东南大学出版社,2010.
[23] 威廉姆斯.原动画基础教程:动画人的生存手册[M].邓晓娥,译.北京:中国青年

出版社,2011.
[24] 鲁道夫·阿恩海姆. 艺术与视知觉[M]. 滕守尧,译. 成都:四川人民出版社,2001.
[25] 吉姆·艾米斯. 通俗色彩理论[M]. 赵晓红,译. 北京:中国建筑工业出版社,1998.
[26] 约翰内斯·伊顿. 色彩艺术[M]. 北京:世界图书出版公司,1999.
[27] 王化斌. 色彩平面构成[M]. 北京:人民美术出版社,1995.
[28] 张福昌. 造型基础[M]. 北京:北京工业大学出版社,1997.
[29] 王华,华思宁,徐邬. 现代设计色彩学[M]. 合肥:中国科学技术大学出版社,2015.
[30] 章力,周智娴. 动画运动规律[M]. 合肥:中国科学技术大学出版社,2015.

后　记

　　从教多年的点点滴滴今天终于汇集成这部书稿，对教学算是尽了一份责任，对自己也算是一种慰藉。

　　当今世界，人类社会进入了全球网络一体化的信息时代，这是一个张扬个性、宣传品牌、展示形象的时代，也是品牌社会化、社会品牌化的大众消费时代，令人眼花缭乱、五彩缤纷的品牌形象正在改变着人们的生活。随着对品牌形象认知程度的提高，人们会越发感受到它对生活的意义。因为我们已经无法摆脱它对生活、学习的影响和诱惑，正是这些充满迷人魅力、赏心悦目的品牌形象才将世界装点得如此多姿多彩，从而令人神往和赞叹。如何创造出优美感人的品牌形象？这是从事该专业工作人员的责任。如果读者能从阅读本书的过程中对形象有所感悟，受到一些启迪，掌握形象设计的基本方法，那么我会感到无比欣慰，这也是促成本书稿完成的动因。

　　十分感谢我的爱人对编写本书的全力支持，是她从精神上、生活上给了我战胜困难的信心和决心，我的弟弟也为此书的资料整理倾注了很大的精力，在此由衷地感谢他们的支持和帮助。

　　本书在编写中引用了一些图形资料，有些未能及时与原作者沟通，在此特向他们表示深深的歉意。

　　由于时间紧迫，加之学识有限，书中难免存在疏漏、错误之处，敬请同行专家和读者不吝赐教。

编　者

2016 年 10 月 8 日